四特 教育系列丛书 SITEJIAOYUXILIECONGSHU

U0640537

理科学习有办法

《"四特"教育系列丛书》编委会　编著

吉林出版集团股份有限公司
全国百佳图书出版单位

图书在版编目（CIP）数据

理科学习有办法 / 《"四特"教育系列丛书》编委会编著.
—长春：吉林出版集团股份有限公司，2012.4
（"四特"教育系列丛书 / 庄文中等主编. 爱学习，
爱科学）
ISBN 978-7-5463-8685-0

I. ①理… Ⅱ. ①四… Ⅲ. ①理科（教育）－学习方法－
中小学　Ⅳ. ① G634.703

中国版本图书馆 CIP 数据核字（2012）第 044018 号

理科学习有办法
LIKE XUEXI YOU BANFA

出 版 人	吴　强	
责任编辑	朱子玉　杨　帆	
开　　本	690mm×960mm　　1/16	
字　　数	250 千字	
印　　张	13	
版　　次	2012 年 4 月第 1 版	
印　　次	2023 年 2 月第 3 次印刷	

出　　版	吉林出版集团股份有限公司
发　　行	吉林音像出版社有限责任公司
地　　址	长春市南关区福祉大路 5788 号
电　　话	0431-81629667
印　　刷	三河市燕春印务有限公司

ISBN 978-7-5463-8685-0　　　　　　定价：39.80 元

前　言

　　学校教育是个人一生中所受教育最重要组成部分，个人在学校里接受计划性的指导，系统地学习文化知识、社会规范、道德准则和价值观念。学校教育从某种意义上来讲，它决定着个人社会化的水平和性质，它是个体社会化的重要基地。知识经济时代要求社会尊师重教，学校教育越来越受重视，在社会中起到举足轻重的作用。

　　"四特教育系列丛书"以"特定对象、特别对待、特殊方法、特例分析"为宗旨，立足学校教育与管理，理论结合实践，集多位教育界专家、学者及一线校长、教师们的教育成果与经验于一体，围绕困扰学校、领导、教师、学生的教育难题，集思广益，多方借鉴，力求全面彻底解决难题。

　　本辑为"四特教育系列丛书"之《爱学习，爱科学》。

　　古今中外，许多成功人士都重视和强调学习方法的重要性。伟大的生物学家查尔斯·罗伯特·达尔文（Charles Robert Darwin）就曾说过："一切知识中最有价值的是关于方法的知识。"著名的大科学家阿尔伯特·爱因斯坦（Albert Einstein）的成功方程式则是"成功＝艰苦的劳动＋正确的方法＋少说空话"。这也是爱因斯坦对其一生治学和科学探索的总结。我们不难看出正确的方法在成功诸因素中具有多么重要的位置。联合国教科文组织教育发展委员会在《学会生存》一书中指出："未来的文盲不再是不识字的人，而是没有学会怎样学习的人。"也就是说，未来的文盲不是"知识盲"，而是"方法盲"。所以，在教学中对学生进行正确学习方法教育极具重要性。本书包括提高智力的方法及各种学习方法和各科学习方法等内容，具有很强的系统性、实用性、实践性和指导性。但要说明的是："学习有法，但无定法，贵在得法"。教师在教学中要注意因材施教，注意学生的个体差异，进而施以不同的方法教育，这样才能让学生掌握最适合自己的学习方法和学习的金钥匙，从而终身受用。

　　科学是人类进步的第一推动力，而科学知识的普及则是实现这一推动的必由之路。在新的时代，社会的进步、科技的发展、人们生活水平的不断提高，为我们青少年的科普教育提供了新的契机。抓住这个契机，大力普及科学知识，传播科学精神，提高青少年的科学素质，是我们全社会的重要课题。科学教育，是提高青少年素质的重要因素，是现代教育的核心，这不仅能使青少年获得生活和未来所需的知识与技能，而且更重要的是能使青少年获得科学思想、科学精神、科学态度及科学方法的熏陶和培养。

　　本辑共20分册，具体内容如下。

　　1.《智能提高有办法》

　　智能提高可能性，与遗传基因和后天因素息息相关。遗传因素我们无法改变，能够改变的就是后天因素。本书针对学生如何提高学习智能进行了系统而深入的分析和探讨，并给予了切实的指导，对中小学生颇有启发意义，具有很强的系统性、实用性、实践性和指导性。

　　2.《高效学习有办法》

　　高效学习法是一种富教于乐的教育方式和高效学习训练系统。它从阅读、记忆、速算、书写这四个方面入手，提高孩子的"速商"让孩子读的快、学的快、算的快、记的快，迅速提高学习成绩。本书针对学生如何提高学习效率进行了系统而深入的分析和探讨，并给予了切实的指导，对中小学生颇有启发意义，具有很强的系统性、实用性、实践性和指导性。

3.《提高记忆有办法》

人的大脑机能几乎都以记忆力为基础，只有记忆力好，学习、想象、创意、审美等能力才能顺利发展。那么如何才能记得更多、记得更牢、更有效地提高记忆力呢？本书帮助你找到提高记忆力的秘密，将记忆能力提升到顶点。本书针对学生如何提高记忆力进行了系统而深入的分析和探讨，并给予了切实的指导，对中小学生颇有启发意义，具有很强的系统性、实用性、实践性和指导性。

4.《阅读训练有办法》

本书以语境语感训练为主要教学法，以日常生活中必读的各种文体、范文讲解及阅读材料的补充为内容，从快速阅读入手，帮助学习者提高汉语阅读水平。学生在学习的过程，根据实际情况选用适应的学习方法，定能收到事半功倍的效果。

5.《轻松作文有办法》

写作是汉语的重要组成部分，在汉语中有举足轻重的地位。人们抒发感情需要写作，总结经验教训需要写作，记叙事件需要写作……总之，无论学习、工作、生活都离不开写作。本书针对学生如何提高写作能力进行了系统而深入的分析和探讨，并给予了切实的指导，对中小学生颇有启发意义，具有很强的系统性、实用性、实践性和指导性。

6.《课堂学习有办法》

课堂听课是学生在校学习的基本形式，学生在校学习的大部分时间是在听课中度过的。听课之所以重要，是因为大部分知识都得通过听教师的讲课来获取。学生要想学习好，首先必须学会听课。本书针对学生如何提高课堂学习能力进行了系统而深入的分析和探讨，并给予了切实的指导，对中小学生颇有启发意义，具有很强的系统性、实用性、实践性和指导性。

7.《自主学习有办法》

自主学习是与传统的接受学习相对应的一种现代化学习方式。以学生作为学习的主体，通过学生独立的分析、探索、实践、质疑、创造等方法来实现学习目标。本书针对学生如何提高自主学习能力进行了系统而深入的分析和探讨，并给予了切实的指导，对中小学生颇有启发意义，具有很强的系统性、实用性、实践性和指导性。

8.《应对考试有办法》

考试主要有两种目的：一是检测考试者对某方面知识或技能的掌握程度；二是检验考试者是否已经具备获得某种资格的基本能力。如何有效地准备考试，可分成考试前、考试中、考试后三个部分做说明。本书针对学生如何应对考试进行了系统而深入的分析和探讨，并给予了切实的指导，对中小学生颇有启发意义，具有很强的系统性、实用性、实践性和指导性。

9.《文科学习有办法》

综合文科的学习旨在帮助学生学会学习，学会分析研究人与自然、人与社会、人与自身关系中的现实问题，学会探讨解决问题的方法等，帮助学生树立终身学习的观念。在这个过程中不断培养学生的实践能力、创新意识和创造力。本书针对学生如何提高文科学习能力进行了系统而深入的分析和探讨，并给予了切实的指导，对中小学生颇有启发意义，具有很强的系统性、实用性、实践性和指导性。

10.《理科学习有办法》

理科学习要形成良好的学习习惯和有效的学习方法。总的来说，科学的学习方法可用如下歌谣来概括：课前要预习，听课易入脑。温故才知新，歧义见分晓。自学新内容，要把重点找。问题列出来，听课有目标。听课要专心，努力排干扰。扼要做笔记，动脑多思考。课后须复习，回忆第一条。看书要深思，消化细咀嚼。本书针对学生如何提高理科学习能力进行了系统而深入的分析和探讨，并给了切实的指导，对中小学生颇有启发意义，具有很强的系统性、实用性、实践性和指导性。

11.《组织阅读科学故事》

在我们生活的各个角落，疑问几乎无处不在，而这些疑问往往能激发孩子们珍贵的求知欲，它能引领孩子们正确地认识和了解世界，并进一步地探知世界的奥秘，是早期教育最为关键的环节。为了让孩子们更好地把握时代的脉搏，做知识的文人，我们特此编写了这本书，该书真正迎合了青少年的心理，内容涵盖广泛，情节生动鲜活，无形中破解孩子们心中的疑团，并且本书生动有趣，是青少年最佳的课外读物。

12.《培养科学幻想思维》

幻想思维是指与某种愿望相结合并且指向未来的一种想象，由于幻想在人们的创造活动中起着重要作用，在发明创造活动中应鼓励人们对事物进行各种各样的幻想。幻想思维可以使人们的思想开阔、思维奔放，因此它在创造中的作用是显而易见的。本书针对学校如何培养学生的幻想思维进行了系统而深入的分析和探讨，并给予了切实的指导，对中小学生颇有启发意义，具有很强的系统性、实用性、实践性和指导性。

13.《培养科学兴趣爱好》

怎样让学生对科学产生兴趣？这是很多教师都想得到问题的答案。想学好科学，兴趣很关键。其实，生活中的许多小细节都蕴涵着丰富的科学知识，教师完全可以因地制宜，为学生创造个良好的环境，尽量给学生提供不同的机会接触各种活动。本书针对学校如何培养学生的科学兴趣爱好进行了系统而深入的分析和探讨，并给予了切实的指导，对中小学生颇有启发意义，具有很强的系统性、实用性、实践性和指导性。

14.《培养学习发明创造》

发明创造是科学技术繁荣昌盛的标志和民族进取精神的体现。有学者预言，二十一世纪将是一个创造的世纪，而迎接这个创造世纪的主人，正是我们那些在校学习的孩子们。因此对青少年进行发明创造教育，就显得极其重要了。心理学家研究表明，青少年的好奇心正是他们探索世界，改造世界，产生创造欲望的心理基础。通过开展青少年发明创造活动，鼓励青少年去发现新问题、提出新设想、实现新目标，这是培养他们的创新精神，提高他们的创造力的最好途径。

15.《培养科学发现能力》

阿基米德在洗澡时发现了阿基米德定律，牛顿看到苹果落地，最终得出了牛顿第一运动定律。在科学史上，这样的事例还有很多，它证明科学并不神秘，真理并不遥远，只要我们能见微知著，善于发问，并不断探索，那么当你解答了若干个问题之后，就能发现真理。本书针对学校如何培养学生的科学发现能力进行了系统而深入的分析和探讨，并给予了切实的指导，对中小学生颇有启发意义，具有很强的系统性、实用性、实践性和指导性。

16.《组织实验制作发明》

科学并不神秘，更没有什么决定科学力量的"魔法石"，科学的本质在于好奇心和造福人类的理想驱使下的探索和创新。自然喜欢保守她的奥秘，往往不直接回应我们的追问，但只要善于思考、勤于动手、大胆假设、小心求证，每个人都能像科学大师一样——用永无止境的探索创新来开创人类的文明。本书针对学校如何组织学生实验制作发明进行了系统而深入的分析和探讨，并给予了切实的指导，对中小学生颇有启发意义，具有很强的系统性、实用性、实践性和指导性。

17.《组织参观科普场馆》

本书集中介绍了全国多家专题性科普场馆。这些场馆涉及天文、地质、地震、农业、生物、造船、汽车、交通、邮政、电信、风电、环保、公安、银行、纺织服饰、中医药等多个行业和学科领域。本书再现了科普场馆的精彩场景；科普场馆的基本概况、精彩展项、地理位置、开放时间、联系方式等多板块、多角度信息，全面展示了科普场馆的风采，吸引读者想要走进科普场馆一探究竟。本书是一本科普读物，更是一本参观游览的实用指南。通过本书的介绍能让更多的观众走进科普场馆。

18.《组织探索科学奥秘》

作为智慧生物的人类自诞生之日起就开始了漫长的探索进程，人类的发展史就是一部探索科学、利用科学的发展史。镭的发现，为人类探索原子世界的奥秘打开了大门。万有引力的发现，使人们对天体的运动不在感到神秘。进化论的提出，让人类知道了自身的来历……探索让人类了解生命的起源秘密，探索让人类掌握战胜自然的能力，探索让人类不断进步，探索让人类完善自己。尽管宇宙无垠、奥秘无穷，但作为地球的主宰者，却从未停下探索的步伐。因为人类明白：科学无终点，探索无穷期。

19.《组织体验科技生活》

科技总是不断在进步着，并且改变着我们的生活，让我们的生活变得更加多彩。学校科学技术普及的目的是使广大青年学生了解科学技术的发展，掌握必要的知识、技能，培养他们对科学技术的兴趣和爱好，增强他们的创新精神和实践能力，引导他们树立科学思想、科学态度，帮助他们逐步形成科学的世界观和方法论。本书针对学校如何组织学生体验科技生活进行了系统而深入的分析和探讨，并给予了切实的指导，对中小学生颇有启发意义，具有很强的系统性、实用性、实践性和指导性。

20.《组织科技教学创新》

现在大家提倡素质教育，科学素质是素质教育的重要组成部分，学生科学素质培养的核心是培养学生的创新精神和创新能力，创新能力的培养、开发应从幼儿开始，在长期的教学、训练过程中逐步形成和发展。小学科技教学，在培养学生创新精神和创新能力中起着举足轻重的作用。帮助学生树立新的观念，主动地、富有兴趣地学习新的科学知识，帮助学生去观察、探索、实验现实生活乃至自然界的问题，在课内外展开研究性的教学活动等，是行之有效的。但是，科技活动辅导任重而道远，这就要求科技课教师不断探索辅导方法，不断提高辅导水平，为全面推进素质教育，实施科教兴国战略奠定坚实的人才和知识基础。

由于时间、经验的关系，本书在编写等方面，必定存在不足和错误之处，衷心希望各界读者、一线教师及教育界人士批评指正。

编者

目　录

第一章

学生提高理科能力理论指导

1．理科学习的特点

渐进性

理科的学习是由浅入深、由表及里、由低级向高级发展的，所以要充分掌握基础的概念，才能进行运算。

技能型

理科学习既需要理解，也需要动手。许多专业的课程都需要通过实验、操作运算、制图等来完成。因此，不仅要学习课本上的理论知识，而且要通过实验、实践等技能性课程的训练。

自学性

理科自学一定要和教师的讲课进度基本同步，学生要根据课程的教学进度来安排自学。

准确性

理科研究的是有关自然现象及其规律，其中有许多定义、原理、公式、定律、法则等，都是从客观世界中抽象出来的，它们是用推敲再三的语句准确地表述出来的。所以，教师在解释一个概念、论证一个命题、分析一个问题、推导一个结论时，必须用语准确，不能产生歧义。

比如，教师讲"衣藻"小，它放大 400 倍以后才像芝麻大小，这样就准确给出"衣藻"大小的程度。教师还区分了"眼睛"和"眼点"两个词表达的概念。再有，数学教师要用数学用语作精确的表述。在学生易误解的地方，教师必须及时变换角度复述。教师讲述的语气要确定，不容置疑，必要时一字一顿地以判断句的形式予以准确表述。

逻辑性

由于理科教学重在揭示规律性的知识，以及事物的特性、联系和变化，同时又担负着培养学生逻辑思维、发展智力的特殊任务，所以理科教学用语更要讲求逻辑性。这种逻辑性主要体现在表述的层次性、条理性及语句组织的严密性与关联性上。比如，教师为了让学生了解"衣藻"的形态结构，就用从外到内，从重点到非重点两个角度予以表述，条理十分清楚，突出了重点。

但教师在讲述"什么叫杯状叶绿体呢？（就是）有人形容（啊）这个杯状体的样子……"这句话时就不严密了，应当说："这个叶绿体的样子，有点像喝水的杯子"。可见，任何语言表达的疏漏，都容易让学生感到茫然。另外教师还要注意运用重音、顿连等来表述句子、语段之间的因果、递进、转折及归纳、演绎等逻辑关系。

2．小学数学学习的特点

数学是什么

从哲学的根本观点上来刻画数学的本质，不外乎有以下两种不同的看法：一种是动态的，将数学描述成为处于成长发展中不断变化的研究领域；另一种则是静态的，将数学定义为具有一整套已知的、确定的概念、原理和技能的体系。

数学的价值

（1）数学的社会价值

从数学的社会功能来看，可将数学知识分为以下四种形态。

①作为符号系统的数学。现在数学符号系统已成为通用的语言，在现代信息社会中，许多事物和现象皆用数学来表征。

②作为算法系统的数学。这是应用最广的数学形态。

③作为形式系统的数学。现代数学知识大都采用形式化公理系统表述的体系。

④作为模糊系统的数学。

（2）数学的文化价值

文化，从广义上来讲，指人类在改造自然和征服自然过程中所创造的物质文明和精神文明的总和；从狭义上来讲，指社会的意识形态及与之相适应的制度和组织机构。按照现代人类文化学的研究，文化即是指由居住地域、民族性、职业等因素联系起来的各个群体所特有的行为、观念和态度等，即各个群体所特有的生活方式。

数学文化价值体现在以下三个方面。

①数学作为人类文化的重要组成部分，它的一个重要特征是追求一种完全确定、完全可靠的知识。

②它不断追求最简单的、最高层次的、超出人类感官所及的宇宙的根本。

③它不仅研究宇宙的规律，而且也研究它自身。

（3）数学的教育价值

所谓数学的教育价值即数学教育对人的发展的价值。如何认识数学的教育价值，这是数学教育的一个基本理论问题，而正确认识数学的教育价值是数学教育工作者为了卓有成效地进行数学教育而必须具备的一种理论素养。

①数学科学的工具价值。数学科学对于人认识客观世界、改造客观世界的实践活动的教育作用和意义，其主要体现在数学科学可作为一种工具。人们运用数学的概念、法则、数学语言、数学符号和数学思想方法等来解决实践和科学问题。

②数学科学的认识价值。数学是思维训练的体操，说的就是数学科学的认识价值。当然，数学对人类思维能力的训练和培养不仅体现在逻辑推理方面，而且还体现在合情推理方面。数学是学生培养探索

解决问题能力的最经济的场地。

另外，培养数学思想方法的思维这一功能是数学教育功能中最突出的体现。在数学具有思维价值的内容体系中，数学方法是核心内容。数学是辩证思维的辅助工具和表现形式。

③数学科学的德育价值。所谓数学的德育价值，是指数学在形成和发展人的科学世界观、道德品质和个性特征的过程中所具有的教育作用和意义。

④数学科学的美学价值。所谓数学的美学价值，是指数学在培养发展学生审美情趣和能力方面所具有的教育作用和意义。

小学数学是学生自己的数学

义务教育阶段的数学课程，其基本出发点是促进学生全面、持续、和谐地发展。它不仅要考虑数学自身的特点，而且要遵循学生学习数学的心理规律，它强调从学生已有的生活经验出发，让学生亲身经历将实际问题抽象转化为数学模型并进行解释与应用的过程，进而使学生对数学理解。同时，使学生在思维能力、情感态度与价值观等多方面得到提高和发展。

小学数学知识是学生借助已有的生活经验通过具体活动产生的。数学教学要向学生提供探索、讨论、实践、调查和解决问题的各种机会，其基本方式不应该是"授予"，而是"引导"，给学生的思考和发展留下充分的空间，使学生真正成为学习活动的主人。

数学学习不再是单纯地记忆、模仿和训练，而是自主探索、合作交流与实践创新等多种形式的学习；数学课堂应由单纯的知识传授殿堂转变为学生主动从事数学活动的场所；数学教师应由单纯的知识传授者转变为学生数学学习的组织者、引导者和合作者。

小学数学是生活化的数学

从儿童的生活经验来看，数学学习不再是局限于教室中的活动，而是一种社会性的活动。学生的生活环境及任何一个活动场所都应该作为数学学习的课堂。

校外的买卖活动、房屋的建造备料、面积的估计测量都含有丰富的数学问题和知识。学生数学学习的内容应当是现实的、生活化的、有趣的和富有挑战性的。这些数学内容有利于学生观察、实验、猜测、验证、推理、交流等能力的培养。

小学数学不同于科学数学

（1）目的不同

作为科学的数学以揭示数量关系和空间形式为目的，其往往通过逻辑推理形成数学理论，主要着眼点是精确阐明某些数学理论。

小学数学不是为了构建一个逻辑体系，而是使学生乐学、活学，以促进学生的终身可持续发展为学校数学教育的基本出发点。数学教学的目的是促进学生学习数学知识，推动学生思维的发展，并对学生进行思想品德的教育。

（2）形式不同

数学科学中，需要对相关的定理和法则进行严格的推证，这是非常重要的。在小学数学中，有关的定理和法则往往不是以严格的证明方式呈现，而是借助观察，通过一些不完全归纳得出结论。

小学数学必须从学生的智力结构特点和生活经验出发，逐步加深学生对数学的理解，如学生学习三角形知识时，教师可以让他们观察三角形纸片，并撕下三个角拼成 180 度，使学生了解三角形的内角和等于 180 度。

（3）起点不同

作为科学的数学，对所有的定理、法则都要严格论证。小学数学的认知起点往往不是逻辑公理，而是学生生活中的一些具体实例，如教师讲运算法则时，并不是从定义出发，而是从学生生活中的事例出发，然后总结法则和意义。

小学数学是大众数学而非精英数学

大众数学的理念首先是：数学教育必须照顾到所有人的需求，以促进全体公民数学素养的提高。其次，在数学学习中，人人都能学有价值的数学，每个人都可以学习他所需要的数学，不同的人可以达到不同的数学水平，构筑不同的数学世界。数学教育应该为大众服务，满足全社会各领域的人对数学不同水平的需求。

从以上四个角度来看小学数学，实质上是强调数学与学生生活的本质联系；强调学生在数学学习中的主体作用，突出了数学促进学生发展的功能；强调各种生活化的活动能够启迪和诱导儿童的多种能力，为今后在不同领域充分展示其才能做好准备。

3．中学数学学习的特点

作为科学的数学特点

（1）高度的抽象性

任何学科都具有抽象性，只是数学学科与其他学科相比较，抽象程度更高。数学的抽象只保留了量的关系而舍弃质的特点；只保留了一定的形式、结构，而舍弃内容。这样，就得到纯粹状态下的以抽象形式出现的量与量的关系，数学学科成为一种思想材料的符号化、形式化抽象，这是一种极度抽象。

（2）严谨的逻辑性

数学要求逻辑上无懈可击，结论要精确，一般称数学具有严谨的逻辑性。虽然在探索数学真理的过程中合情推理起着重要作用，然而数学真理的确认使用的是逻辑演绎的方法，这是由数学研究的对象和数学的本质属性所决定的。

（3）广泛的应用性

数学广泛的应用性是由数学高度的抽象性和严谨的逻辑性决定的。近半个世纪以来，数学更加成功地被运用于经济、管理、通讯、资源开发和环境保护、医学、军事与国防等领域。

（4）知识的密度增大

由于年龄的增长，学生的接受能力、理解能力也在提高。同时高中数学教材的内容多而杂，这就决定了高中数学每节课的内容较初中时要多，即密度加大了。教师在教法上也随之变化。

初中时教师常常把知识掰开揉碎地细讲，同时还布置相当数量的习题去巩固这一知识；而在高中却常常是在新知识的开始阶段，例题就有一定的难度。尤其强调知识的"以旧带新"和"横向，纵向的沟通、联系"。一节课下来，学生似乎是听懂了，但在写作业时常常感到知识的运用不熟练，思路不通畅。学生似乎总感到新知识没有完全掌握，更新的知识又接踵而来。

（5）知识的独立性大

初中知识的系统性是较严谨的，平面几何尤其如此，这个系统给学生学习带来了很大的方便。因为它便于记忆，又适合于知识的提取和使用。

因此，平面几何的知识使人长久不忘，记得清、用得上。但高中的数学却不同了，立体几何、解析几何有相对明确的系统，代数、三角的内容具有相对的独立性。因此，注意它们内部的小系统和各系统之间的联系成了学生在学习时必须注意的重点，否则，综合运用知识的能力必然会欠缺。

中学数学的特点与教学

（1）现实背景与形式模型互相统一

数学学科虽然具有高度的抽象性和概括性，但这种抽象的思想材料却不能完全脱离现实背景，中学数学更是这样。

（2）解题技巧与程序训练相结合

解决问题是数学的灵魂，其特点在于技巧性和程式化。数学中的数量变化问题，学生必须用灵巧的思维和繁复的计算程序去解决，即一方面需要灵活机动的创造性思维，另一方面需要固定的计算公式，二者缺一不可。根据这一特点，教师应当注意教材中形式推演背后的生动思想，避免重复的单纯模仿和套公式。

（3）简约的数学语言与丰富的数学思想相交融

简约的数学语言与丰富的数学思想相交融是中学数学的特点。众所周知，数学思想是十分丰富的。公理化方法、代数思想、解析几何观点、统计与概率思想、微积分思想等是宏观数学思想。

函数观点、向量表示、参数方法、恒等变形、同解变形等是中型的数学观念。素数与合数、负负得正、尺规作图、任意角与周期性、算术根等是微观的数学问题。

（4）数学智育和德育相统一

数学智育和德育相统一主要是针对过去过分强调"数学是思维训练的体操"而言的，在过去，我们过分重视数学的程序性和技巧性，而淡化了数学生成过程中鲜活的思想、生动而有趣的变化及由此带给人的美感和理性精神追求带给人的愉悦。数学是人类文化的重要组成部分，它是人类社会进步的产物，它也是推动社会发展的动力。

中学数学与数学前沿

1997 年 3 月，国家自然科学基金委员会提出了我国未来数学发展课题，涉及以下数学前沿问题。

（1）核心数学

它是应用数学的基础，其重要方向有：解析数论、代数数论与代数几何、群与代数及其表示理论、流形与复形几何学、整体微分学、经典分析的前沿问题、随机分析和无穷维分析。

（2）非线性问题的数学理论和方法

它是各门自然科学中的非线性现象和纯粹数学各分支交叉形成的许多生长点，重要的科学问题和研究方向有：非线性偏微分方程、变分理论和几何分析、动力系统、经典和量子系统的数学问题、随机系统的数学问题。

（3）金融和高科技中的数学建模、计算和运筹决策

这是涉及国民经济可持续发展、高科技的重大突破和科学管理所面临的重大挑战性问题，其主要包括：数学物理的高性能计算，高维流体力学的计算方法，数学机械化与现代数学组合方法，高维、定性和不完全数据的统计方法，经济和高科技中的统计建模、推断与计算，大规模、高复杂性问题的最优化方法，金融财政重点数学问题。

（4）复杂系统的建模、分析控制与优化

它包括：复杂系统的建模，随机系统的控制和适应控制，非线性现象的分析、控制与应用，无穷系统的控制，复杂系统分析的优化和控制，大规模多层次系统的优化理论和方法。

20 世纪 90 年代以来，"高技术本质上是一种数学技术"的观点已得到人们的普遍认同，这一观点道出了高技术与现代数学问题的内在联系。高技术的研究离不开计算机，而有效地运用计算机则离不开现代数学的研究。

可见与高技术和计算机相结合的前沿数学，已在自然科学和社会科学中纵横渗透。运用数学方法定量决策，也成为了当今决策和管理科学的主流方式。

数学学科的特点

数学是一门研究数量关系和空间形式的科学，它具有严密的符号体系，独特的公式结构，形象的图像语言。它有三个显著的特点：高

度抽象、逻辑严密、广泛应用。深刻认识数学的这些特点，对于明确学习目的、改进学习方法、提高学习效果，具有十分重要的指导意义。

（1）高度抽象性

抽象性并非数学所独有的，任何一门学科都离不开抽象。因为每门学科都必须有一个概念系统，而概念都是经历了不同程度的抽象过程而形成的。可见概念本身就是抽象思维的产物。

然而，数学的抽象，在对象上、程度上都不同于其它学科的抽象，数学是借助于抽象建立起来并借助于抽象发展起来的。数学的抽象撇开了对象的具体内容，仅仅保留数量关系和空间形式。

在数学家看来，五个石头、五座大山、五朵金花与五条毒蛇之间，并没有什么区别。数学家关心的只是"五"。又如几何中的"点""线""面"的概念，代数中的"集合""方程""函数"等概念都是抽象思维的产物。

"点"被看作没有大小的东西；"线"被看作无限延长而无宽无高的东西，"面"则被认为是可无限伸展的无高的面。实际上，理论上的"点""线""面"在现实中是不存在的，学生只有充分发挥自己的空间想象力才能真正理解。

数学的抽象性，可以使数学研究在个性和深度上不断发展，可以使人们摆脱实际生活的束缚，让思维在"抽象的高原"上自由飞翔。但数学的抽象特点，给数学学习者带来一定的麻烦，有些人对数学敬而远之，其中重要原因之一就是它太抽象了。

其实，我们大可不必把抽象视为进入数学大门的阻碍，只要分析一下抽象思维能力较差的原因，找出相应的措施，有意识地培养锻炼抽象思维能力，任何人均能闯过抽象性这一关，进入数学王国去领略它无穷的魅力。

（2）严密逻辑性

数学具有严密的逻辑性，任何数学结论都必须经过逻辑推理的严格证明才能被承认。逻辑严密也并非数学所独有的特点。任何一门科学，都要应用逻辑工具，都有它严谨的一面。但数学对逻辑的要求不同于其它科学，因为数学的研究对象是具有高度抽象性的数量关系和空间形式，它们是一种形式化的思想材料。

许多数学结果，很难找到具有直观意义的现实原型，往往是在理想情况下进行研究的。如一元二次方程求根公式的得出、两条直线位置关系的确定、无穷小量的得出等。数学运算、数学推理、数学证明、数学理论的正确性等，数学不能像自然科学那样借助于可重复的实验来检验，而只能借助于严密的逻辑方法来实现。

通常数学问题的解决，不仅要遵从数学规律，而且要合乎逻辑，在逻辑上无误。因而，一个数学问题的解决，反映着两方面的要求，一是符合数学规律，二是要合乎逻辑。因此，在学习时，学生要认真理解数学概念，准确运用数学知识，进行严格的数学推导，才能正确有效地解答数学问题。

（3）广泛应用性

数学作为一种工具或手段，几乎在任何一门科学技术及一切社会领域中都被运用。各门科学的"数学化"，是现代科学发展的一大趋势。我国已故著名数学家华罗庚教授曾指出："宇宙之大，粒子之微，火箭之速，化工之巧，地球之变，生物之谜，日用之繁，无处不用数学"。这是对数学应用的广泛性的精辟概括。

数学应用的例证不胜枚举，太阳系九大行星之一的海王星的发现，电磁波的发现，这些都是数学应用历史上的光辉范例。就是我们在日常生活，社会生活及生产实践活动中也无时不在应用数学。特别是在科学技术飞速发展和电脑技术不断更新的今天，数学已渗透到现代科学、技术的各个领域，国民经济的各个部门。毫不夸张地说，如果没有数学，就不可能有现代科学技术和现代社会文明。

数学的这三个显著特点是互相联系的，数学的高度抽象性，决定了其逻辑的严密性，同时又保证其广泛的应用性。这些特点也深刻地反映了实践是数学的源泉，实践应用的需要正是学习数学的目的。

中学数学的学习目的

为什么要学习数学？是为了当数学家，为了掌握数学知识和技能，还是为了今后从事与数学关系密切的建筑、会计、测绘等职业。中学阶段作为人生打基础的阶段，学习数学的主要目的就是掌握一定的数学基础知识，形成一定的数学能力。

由于数学学习对思维、智能发展有极大的训练意义，因此不论学生将来怎样继续学习或从事何种工作，中学数学学习都为学生准备了重要的基础条件。

根据中学数学教学大纲的要求，中学阶段主要培养学生四方面的数学能力。

（1）逻辑思维能力

表现为能正确理解各数学对象问的逻辑关系；能严格从概念、理论出发进行逻辑推理，得出正确结论；能正确识别充分条件、必要条件和充要条件；能正确运用数学归纳法、反证法等基本论证方法。

（2）运算能力

表现为准确、快速地处理数据的能力；能熟练地对含字母的解析式进行运算，在完成运算后做出全面、准确、合理的结论，明确算理，讲求算法的优化。

（3）空间想象能力

表现为能正确认识空间图形的形状、大小和位置关系，能作出体现特定空间位置关系的几何图形，并能在不便于作图的情况下正确想象出几何体之间的位置关系。

（4）数学语言表达能力

表现为正确使用数学符号，准确、简洁地表达出数学内容，语句完整、连贯、层次清楚，对于论证或解答各类数学问题，应当书写工整，用字（或字母）准确，讲求数学论文的书写规范，论文中的图形要求表现力强，注重作图规范，做到图、文相符。

学习数学的直接目的是掌握数学的基础知识、基本技能，形成一定的数学能力。那么知识重要，还是技能重要。应该说二者密不可分，互为基础。学生要形成一定的数学技能，就必须掌握扎实的基础知识，而要更好地学习数学知识，又必须具备必要的基本技能。

4. 初中生学习数学的方法

初中生学习方法指导的必要性

现代教育理论认为，教学方法包括教的方法和学的方法，正如前苏联教学学论专家尤里·康斯坦丁夫·巴班斯基指出的解释："教学方法是由学习方式和教学方式运用的协调一致的效果决定的。"即教学方法是受教与学相互依存的教学规律所制约的。

当前，教学方法改革中的一个新的发展趋向，就是教法改革与学法改革相结合，以研究学生科学的学习方法作为创建现代化教学方法的前提，寓学法于教法之中，把方法研究的着眼点放在纵向的教法改革与横向的学法改革的交汇处。从这个意义上来讲，学法指导应该是教学方法改革的一个重要方面。

为此，学法指导的目的，就是最大限度地调动学生学习的积极性和主动性，激发学生的思维，帮助学生掌握学习方法，培养学生学习能力，为学生发挥自己的聪明才智和创造提供必要的条件。

初中生学习方法指导的内容

根据初中生的心理特点，以及学习环节的安排，教师应该从宏观上对学生学习方法进行分层、分步骤指导。使学生从被动学习变为主动学习，同时能逐渐培养学生的自学能力。

（1）预习方法的指导

初中生往往不善于预习，也不知道预习起什么作用，预习仅仅是流于形式，草草看一遍看不出问题和疑点。所以，教师在指导学生预习时应要求学生做到：首先粗读，先浏览教材的有关内容，抓住本节知识的概况。然后细读，对重要的公式、定理、法则要反复阅读理解，注意知识的形成过程，对难以理解的概念作出记号，以便带着问题去听课。方法上可采用随课预习或单元预习。预习前教师可以先布置预习提纲，使学生预习有目标，有重点。实践证明，养成良好的预习习惯能充分提高学生的学习效率。

（2）听课方法的指导

听课是学生获得知识的主要渠道，因此，学会听课对初中生学生尤为重要。教师在听课方法的指导上要特别处理好"听""思""记"的关系。

"听"是直接用耳朵接受知识，教师应指导学生在听课的过程中注意：①听清每节课的要求。②听明白知识引入及其形成过程。③听懂每节课的重点、难点及教师对重、难点的剖析，尤其是预习中的难点要在听课中弄明白。④听懂例题解法的思路和数学思想方法的体现。⑤听课后要做好小结。当然，教师在上课时，要注意方法防止"注入式""满堂灌"，掌握讲授新知识的最佳时间，使学生听后有效，达到听课的根本目的。

"思"是指学生的思维活动。学生没有思维就发挥不了主体作用，学生的主动性、积极性就没有发动起来，教师在思维方法指导时，应使学生注意：①多思、勤思、随听随思，学习过程中多问几个"为什么"②深思，即追根溯源，大胆提出问题，"打破砂锅问到底"。③善思，由听和观察去联想、猜想，归纳。④树立批判意识、学会反思。可以说"听"是"思"的关键，"思"是"听"的深化，"思"是学习方法的核心和本质内容，会"思"才会"学"。

"记"是指学生做课堂笔记。初中生一般不会合理地做课堂笔记，通常是老师写什么，学生就抄什么，用"抄"代替了"记"，用"记"代替"听"和"思"，有的同学笔记虽全，但收效甚微。

因此，教师应抓住学生的这个特点，不失时机地向学生指出：①记笔记要服从听课，要掌握记录时机。②记要点、疑点、记解题方法和思路。③记小结课后思考题。教师使学生明白"记"是为了"听"和"思"服务的。

掌握好这三者的关系，就能使学生在课堂学习的这一主要环节达到较好的境界。

（3）课后复习巩固及完成作业的指导

初中学生课后往往急于完成书面作业，忽视必要的巩固、记忆、复习。导致出现照例模仿、死套公式解题的现象，造成为了交作业而做作业，起不到练习巩固深化理解知识的作用。

为此，在这个环节的学习指导上教师应要求学生：①能每天课后先阅读理解教材，结合笔记记录的重点、难点，同顾课堂讲授的知识、方法，同时记忆公式、定理。②再独立地完成作业，并按要求书写规范、表述清楚。③对本节课堂内容做知识小结，写出自己的体会或后记。

5．初中物理学习的特点

一直以来，很多教师把教学准备工作主要放在对教材本身的分析上，而对学生的学习心理特点和思维规律等问题的分析往往缺乏足够的重视，随着教学改革的深入发展和教学理念的更新，教师越来越认识到这种做法已很难适应对学生创新思维的培养及知识转化为能力的更高要求。

初中生对物理学习既有兴趣而又普遍感到难学，为了有效地解决这种矛盾心理所带来的问题，教师在分析教材的同时，必须重视对学生学习物理的心理特点和思维规律进行分析，从学生的心理活动和思维活动中揭示出产生困难的具体原因及表现形式，从而为物理创新教学提供依据，也为教师具体处理教材、设计教学过程、选用教学方法提供根据，提高教学质量。

初中生学习物理的兴趣特点

初中生学习物理的兴趣特点，大致有以下四种不同的层次。

（1）对物理学习只有直觉层面的兴趣

他们只是被新奇的物理现象所吸引，因此特别喜欢看生动有趣的物理实验，比如教师演示实验：水是热的不良导体。教师把金鱼和水装入试管中，当把试管中上部的水加热沸腾时，金鱼还在试管的下部游来游去。这种现象和学生实验前的估计大不相同。

因而他们对此表现出强烈的兴趣，感到十分新鲜。但这种兴趣往往只停留于现象本身，他们并未产生探索这些物理现象内在原因的欲望。

（2）对物理学习有操作性兴趣

他们喜欢通过自己的操作活动对自然现象和实验结果施加影响，

有些同学对实验有浓厚的兴趣，甚至达到废寝忘食的地步。但实验操作完成后，他们的学习兴趣就随之消失。这部分学生是对实验本身感兴趣，而对探究物理的原理、性质及规律等并不感兴趣。初中阶段的多数男生还处于这种兴趣状况。

（3）对物理学习具有探究因果联系的兴趣

这部分学生不仅要求了解某种物理现象，而且还要求进一步探究出现这种现象的原因，他们对探究事物的因果关系特别感兴趣。

（4）具有概括认识的兴趣

他们要求通过分析个别事物的因果联系来寻找和掌握一般规律。因此他们具有较强的综合分析能力，他们喜欢做有一定难度的综合性物理习题，但这部分学生为数不多。

初中生学习物理的思维特点

（1）思维定势起重要作用

物理概念的建立多数是以表象为中介的，在表象形成的过程中，思维定势起重要作用，而物理概念是反映事物普遍的本质特征的，因而在物理概念和规律的教学中应该重视思维定势的作用。例如在"力"的概念教学中，"力"的定义是：力是物体对物体的作用。

在教学中无论是做实验还是提问题或是利用概念分析问题时，就要反复强调"相互作用"的心理倾向,这种思维的定势在刚建立概念时,对于把握概念、规律的实质有重要作用。

思维定势对学习所起的消极作用主要表现为以下两个方面。

①产生错误的思维倾向。思维定势对学习所起的消极作用，在学生学习新知识时会产生错误的思维导向，妨碍对新问题的解决，且学生越努力，错误的偏移越大。

例如，一部分学生在学习了惯性以后，始终认为只有运动的物体才有惯性，静止的物体没有惯性。有部分学生在学习新知识时，不注意条件的变迁，不注意适用范围的区别，自以为是，张冠李戴，导致思维的方位难以转弯，钻入了思维的"死角"。

②思维的发散性差。思维定势太强烈，会束缚学生思维的发散和求异，使学生在新的情景中难以灵活地思考，易受旧的框架束缚，墨守成规。例如，学生学习了阿基米德原理，对公式死记硬背，对求浮力只知道套公式，殊不知利用浮力产生的原因和力的平衡条件也可以来求解。

（2）思维的片面性和表面性

初中学生的逻辑思维习惯尚未完全形成，因而很容易根据事物的表面现象和日常观念去分析物理问题。例如，教师提问：将一试管的冷水放在烧杯沸腾的开水中加热，当加热较长时间后，试管中的水能否沸腾。在检查测试时只有 *1/5* 的学生回答不能沸腾，而绝大多数学生答错了。究其原因就是多数学生想当然地看问题，没有按照物理学的思维方法，即以概念和规律为依据去分析问题。

他们认为只要不断地加热，试管中的水就能沸腾，而没有考虑到热传递和沸腾都是有条件的：当杯内外的水都达到了 *100℃* 时热传递就停止了，而沸腾除了要达到沸点的条件，还要不断地从外界吸收热量，如果试管中的水不能从烧杯中的开水中继续吸收到热量，那么只能是 *100℃* 的水而不能变成 *100℃* 的水蒸气，所以试管中的水是绝不会沸腾的。

（3）强烈的思维独立性和批判性

例如，教师在讲到"惯性是物体的同有属性，它不随运动情况的变化而改变"时，有些学生持有明显的批判性思维特点。虽然教师一再强调"一切物体不管是否受到力，也不管它是否运动或怎样运动，都具有惯性"。但他们头脑中并没有真正接受这种概念，在运用惯性概念分析具体问题时，还是认为物体要维持原来的运动状态，必须还要有外界的作用力。对学生的这种思维特点，教师要加以正确引导，在肯定和鼓励的同时，应防止他们走向固执己见的极端化道路。

（4）思维从感性材料的归纳中形成物理模型

这种模型是以形象思维为基础，通过运用物理模型进行思维加工而形成的。因此，在初中物理教学中需要具体形象材料的支持，这就决定了物理教学要充分利用实验，要重视展现物理表象的作用。

如果过于强调理论分析，那是不符合学生思维特点的，会影响学生的思维兴趣。但又不能让他们的思维能力总是停留在形象思维阶段，教师应努力促进他们的思维能力的发展，要对他们进行逻辑思维的强化训练。

初中生感到物理难学，其原因是多方面的，有学科本身的原因，主要是教材的内容较难，当然也有教师教学上的原因。但根本原因还是由学生自身的心理和思维特点所决定的。因此，笔者通过以上分析提出以下对策，试图引导学生克服心理和思维上的特点和障碍，帮助他们优化心理素质，发展思维能力，提高物理学习的效率。

6. 初中生学习物理的方法

分析学生的心理和思维障碍

（1）运用心理检测法

为了深入了解、分析初中学生在学习物理过程中的心理和思维上的障碍，教师可运用心理检测法。如设计一些能反映学生心理活动的问题让学生回答，然后统计分析，从中找出某些带有规律性的东西。

心理检测题目的设计一定要能明显反映学生的思维过程，即学生在回答这些物理问题时出现错误。不是物理知识和技能差的原因，而是心理和思维上带有规律性的问题。只有这样，教师才能在教学中有针对性地去解决问题，引导学生排除心理和思维上的障碍。

（2）运用观察法

教师要有目的有计划地观察学生在一定条件下的心理和思维活动，在言行上的外显，如课堂上的听课情绪、对演示实验的反应、回答问题和讨论时的思路、实验操作时的态度和动作，发生问题时处理的方法等。

通过观察，教师既能发现学生的个性心理特征，也能找到学生的心理倾向和产生思维障碍的症结所在。只有这样，教师才能有针对性地解决问题。

（3）运用问答发现法

设计科学的问答题可以暴露学生的思维过程。学生在解答问题的过程中，往往可以清楚地暴露他们的思维障碍发生在什么地方。

例如，在学习浮力这一知识点时笔者设计了这样一个典型问题：质量相等的木块和铁块放在水中，当它们静止时谁受的浮力大？绝大多数学生认为木块受到的浮力大，如果只看他们的答案，那是正确的。

可是他们的思维过程是错误的。因为他们是根据错误的依据进行分析而得出的结论。他们是这样思考的：$\rho_{木} < \rho_{铁}$，当质量相当时，$v_{木} > v_{铁}$。由于他们忽视了木块漂浮、铁块沉在水底的条件，统统把他们作为全部浸没在水里来处理，所以得出了木块受到的浮力比铁大的结论。

因此，教师不能只看结论，而要全面地考察学生分析问题的思路，才能发现学生的思维过程中哪个环节出现了障碍。总之，问答题训练是培养学生逻辑思维能力的好方法。因为许多学生往往是求知其然，不愿追究其所以然的，而问答题是一定要学生说出"其所以然"。

教师在设计问答题时，除了要注意针对性和典型性，同时也要遵循从易到难的原则，有目的、有计划、有梯度地进行训练。这样才有利于学生的心理训练；有利于提高学生的思维能力；有利于提高物理教学的质量。

优化教学过程，提高学生的思维能力

（1）运用"导学-讨论"模式，提高学生的思维能力

这是在教师的指导下，学生通过自己阅读物理课本，操作实验等自学方式，以及和其他同学相互讨论等，积极主动地进行学习的一种教学模式。基本操作程序如下。

①设疑激趣。这是该模式操作程序的基本环节，教师可通过生动有趣的演示实验或是设计简单的学生实验，讲述生动的物理学史，列举学生生活中常见的物理现象等，多种方式设疑，激发学生的学习兴趣，激发他们解释物理现象、探索新问题的求知欲。

当学生产生了疑问，有了解问题的需要后，再让他们自学教材，他们才能专心研读，使自学获得好的效果。例如，教师在讲"大气压"一节时，先做了一个用玻璃管吸水的演示。把玻璃管插入广口瓶中，用嘴一吸，水便沿着管进入嘴里。

然后，把广口瓶装满水，用塞子把瓶子塞紧，瓶塞中间插入一根玻璃管，让前排学生吸，结果都没有吸上水。学生此时议论纷纷，有的埋怨前排的同学不会吸，有的跃跃欲试，而有的善于观察的学生则指出：瓶口塞了塞子就吸不上来。

当教师追问为什么加上塞子就吸不上来了，学生答不出来。接着笔者指出：要了解现象的原因，请阅读"大气压强"一节。这样教师通过实验设置了疑问，激发了学生的学习兴趣，自然而然地导人了下一环节。

②指导自学。教师分发自学提纲，提供实验器材，由学生按自学提纲，自己独自阅读教材，进行实验操作，观察实验现象。同时亦可

向教师提问。教师作巡回点拨,对学生在自学中出现的问题,诱发启导,但不能包办代替,主要在于了解自学情况。

关于自学内容,起初,教师宜选择难度不大,或使学生已有一定程度了解的教材作为自学内容。随着学生自学能力的不断提高,教师应逐渐加大自学内容的难度。

关于自学提纲,教师可事先打印好,提纲要紧扣教材。提纲应包括:要求学生掌握的基础知识和基本技能;有关旧知识的提示;引导学生实验、观察现象、记录数据并进行分析得出结论的指导性材料等。至于自学提纲的详略应以教材的详略情况、学生自学能力的强弱等而调整,初二起始年级宜详细些,但都应易读、明了,能起到应有的作用。

③讨论答辩。教师组织全班学生,针对普遍性的问题,结合教材的重点、难点(因为通常重点、难点是不能完全依靠自学解决的)以及学生自学中存在的问题,归纳整理出讨论题目进行讨论,相互答辩,以加深理解。这一环节需要注意以下问题。

第一,讨论的题目要具有启发性。题目既不能过于简单,学生不加思索就能回答;也不能超出学生的实际水平太多,以至于学生们茫然不解,不知所措。讨论的题目,经学生反复动脑思考,能解决为宜。

讨论的题目应有程序性,题目的安排顺序要与学生思维发展的顺序相一致,问题层层深入,一环扣一环,这样更有利于学生思维的发展。

第二,讨论问题的形式可采用分组讨论,全班集体讨论或是二者相结合。教师在讨论中应注意充分调动学生积极思考,尤其要特别重视成绩中下学生的心理特点。他们常有不如优生的想法,因而发言总是有顾虑,不像优生那样有自信心、发言比较主动。

所以,应优先让他们发言和解答,鼓励他们,打消他们怕错的思想顾虑，动员他们发表自己的看法。只有把中下学生的积极性都调动起来，才能大面积地取得良好的效果。

第三，要注意引导学生紧扣讨论题目来进行讨论。对个别学生提出一些超出教材要求的问题，教师应肯定学生提出的问题有深度，指导他们在课外去阅读有关书籍，以防讨论漫无边际，影响教学进度。

当然，教师也要注意保证讨论有充足的时间，让学生充分发表意见，估计学生讨论没有余力时，再予以指导、启发和补充，切忌匆忙讨论，仓促结束。

④启发释疑。通常情况下，疑难问题经过争辩议论以后，基本上能取得较为完善的答案，但也会出现学生对物理概念、定律、规律等的内在联系、区别理解不透彻的问题。这就需要教师启发精讲，帮助学生揭示它们的内在联系或区别，把抽象的概念具体化，必要时可补充演示实验。

在解答个别学生讨论中仍未解决的遗留问题时，教师应着重以指导学生掌握研究问题的思路，帮助他们掌握解决问题的方法。教师应注意防止不管学生是否弄懂，讲得过细，重新回到"满堂灌"的老路上去的倾向。

⑤练习小结。指导学生通过练习，加深对物理概念、公式、定律等的理解。如若这一模式以单元教学的方式进行，教师还要指导学生写好单元小结。比如，用列要点、列表、写心得体会的方式，将整个单元主要内容、基本物理实验进行归纳总结，使学生通过自己的思维活动把知识条理化、系统化。

目前练习的方式通常是做练习题，在学生分头练习的基础上，教师可请少数同学示范，以纠正练习中容易出现的错误。由于教学时间所限，课堂练习不同于课外作业，选题要小、精、活，形式要多样化。

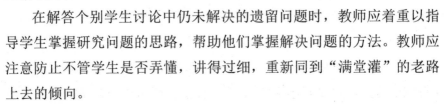

（2）克服学生思维定势的消极影响

①必须重视基本概念和规律的建立与引用。物理基本概念是物理学的细胞，物理规律是物理学的精髓，物理教学的基本原则是：必须让学生主动地获得基本概念和规律，必须教会学生科学的思维方法。

第一，要注意基本概念的形成。教师应通过大量实例和演示实验将一类事物的物理现象展示在学生面前，启发学生挖掘其本质特征，剔除次要因素，抽象出物理概念。教师应讲清概念的内涵与外延，使学生全面理解和掌握物理概念，不能使学生在形成概念的过程中产生"盲点"，教师在辨析概念时应注意暴露概念中的干扰因素，使学生在排除干扰因素的过程中，提高概念的清晰度与自洽度。

第二，要注意物理概念的探索和推导过程。教师应将科学的物理思维程序充分展示在学生面前，切忌从口头上灌输给学生并让其死记结论，教师应注重规律教学的阶段性和渐进性，让学生明确规律是如何得到的，适用范围是什么，使用时应注意什么等。

②注意培养学生思维方法的灵活性与创造性。教师培养学生思维方法的灵活性与创造性可以有效地提高学生思维的发散性和求异性，提高应变能力，以引导学生从不同的方向、不同的角度，多途径地探索问题。

教师应鼓励与提倡学生采用各种思维模式，保护学生的思维积极性，注意培养学生的等效思维、对等思维、逆向思维、整体思维的能力。在习题教学过程中可采用一题多解、一题多变、一题多答，使学生的发散思维能力得到提高，从而遏制思维定势的消极影响。

③注意练习的多样性，加强"横向拓展"。习题教学特别是期末总复习忌讳抠题型、对套路，如果只采用强化解题模式的方法，只能形成众多的思维定势，使学生眼花缭乱，而遇到的新问题时，学生往往左右摇摆。有效的措施是，注意练习的多样化，加强横向拓展。

所谓"横向拓展"，就是使用相同知识点或知识点组对某一物理问题的不同变化进行分析求解，使原问题得到拓展，从而达到以少胜多的目的。常用的"横向拓展"形式主要是一体多变，即在一个题的基础之上改变物理条件、改变物理状态、改变物理过程，改变物理模型。逐渐深入，层层展开，从而拓展学生的思维视角，使学生突破某些思维定势的束缚，特别是对初三毕业班忌泛发练习题。

④注意加强相似物理模型的辨析。物理问题都是模型化的，思维定势对解决同种模型的问题确实能起到无可置疑的积极作用，然而对相似模型问题不能起作用。思维定势的作用经常使人误入歧途，上当受骗。

所以教师一定要重视相似模型的辨析，增强学生对不同模型的分辨力和识别力，进而克服由一种物理模型所形成的思维定势对其他相似物理模型所起的负迁移作用。

具体实践可采用以下做法：教师可以先进行一组相同物理模型问题的训练，然后再有意识地安排适当的相似模型问题，引诱学生上当，当学生采用旧模型的思维方法解决新模式而产生错误后，教师及时地启发学生将相似模型进行比较、鉴别，从而达到辨析相似模型的目的，使学生在今后类似的思维活动中，自觉地拉起"警戒线"。

思维定势对物理教学的作用巨大，教师必须科学地研究学生思维定势的形成与作用，充分地利用其积极因素，努力消除其消极因素，使之对物理教学起到更大的正向迁移作用。

（3）逐步提高学生抽象逻辑思维的能力

影响认知发展从具体向抽象过渡的因素是多方面，但其中最重要的因素，是要在学生的认知结构中逐步储备稳定的较高级的概念与原理，以使学生更易于把含意深刻的问题同认知结构相联系，从而不仅使认知结构得到丰富与发展，而且使认知功能得到进一步的完善与提高。

在物理课堂教学中，教师应怎样帮助学生储备这种稳定的较高级的概念与原理，从而逐步提高学生的抽象逻辑思维的能力。为后续学习做好准备，笔者的主要做法是以下两种。

①帮助学生建立清晰的物理图景模块。物理图景是人们把复杂的物理现象、物理过程和物理状态经过概括、抽象并且形象化的结果。

中学物理中的图景经常是过程图景，弄清过程的阶段及各阶段之间的桥梁，不仅是抽象相应过程模型的前提，而且为发现隐含的临界条件提供了线索。应该看到，一些图形之间是有共性可寻的，发现这些共性并加以概括，就可以建立起图景模型，它是一种简单的思维定势，有利于学生认知抽象过程。

②帮助学生建立精确的物理模型网络。物理模型是人们把物理研究对象、过程及条件经过理想化加工后高度抽象出来的。

因为对应于不同的运动形式的各类物理模型之间一般具有不可分割的联系，帮助学生认真抽象模型，逐渐掌握模型网络并加以熟练应用，有利于学生抓住事物的本质特征和建立简单的思维定势，完成认知抽象过渡。

例如，在牛顿第一运动定理的教学中，我们在三种不同的表面上做小车运动的实验。从实验可以看出，小车在毛巾表面上前进的距离最短，在光滑的木板上前进的距离最长，可见在越光滑的表面上，小车所受的阻力越小，它前进的距离越远，它的运动越接近匀速。

在这里教师可进一步提出一个重要问题：如果运动物体不受到任何力的作用又会怎么样呢？引导学生深入思考，使认知走向抽象，得到这样的结论：如果物体在运动中不受任何外力的作用，它的速度将保持不变，小车会永远运动下去。如果运动物体不受任何力的作用，它既不会向左偏移也不会向右偏，将永远沿直线运动下去。

帮助学生掌握科学的学习方法

掌握物理学研究的科学方法，不仅可以帮助学生理解、巩固物理的概念和理论，而且可以使学生在学习中少走弯路，收到事半功倍的效果，还可以为将来从事科学研究和生产实践练好基本功，教师要用好自然科学课本的科学方法谈，教会学生学习的方法。

笔者在教学实践中发现，帮助学生建立物理图景模块和物理模型网络、掌握科学的学习方法并经过多次练习巩固，学生就可以逐渐获得以实践经验为支柱的抽象概念及其联系，并且最终能不依靠这些支柱同样有效地完成思维过程，因而加速实现了从具体到抽象的过渡，为升入高一级学校进一步的学习打下坚实的基础，这正是我们期待的结果。

7．初中化学学习的特点

现代自然科学发展到了相当高的水平，它除了用观察、实验、科学抽象、逻辑思维、实验验证等一系列方法，各门科学还创造了许多具体的科学研究方法。由于自然事物和过程本身是相互联系的，所以某一门学科的理论和研究方法能够用于其它学科，并取得成效。

这就是各门学科之间研究方法的渗透和转移。用力学的理论、观点、方法研究其它物理现象；把物理学的概念和方法用来研究化学现象；用物理学和化学的手段和方法研究生物现象；把数学应用于各门学科等，都是生动的例证。简而言之，现代科学的研究方法相互转移，并日趋数学化。

数理化的研究对象虽然不同，但其基本的分析手段和逻辑思想是相通的。化学是从现象进入本质的学科，研究对象是物质的组成、结构、性质、化学变化的规律，以及物质的提纯、制备和应用。

物质转化的过程是分子或电子转移的过程。在学习化学的过程中，大多是以理解和记忆为主，在解释和分析化学现象的时候，只要抓住一点：物质是转化了不是消失了，因为构成物质的微粒是不会消失的。

"一张纸烧没了"只是我们眼睛的看法。物质的变化是由于物质转化了，转化成什么了？怎么转化的？为什么能转化？通过对化合价、电子转移的学习，便能够理解化学的本质。

通过和学生交流，笔者认为要学好化学，就必须有"科学探究"的精神，采取实验、观察、调查、资料收集、阅读、对话、辩论等积极的学习方式，以改变教师传统的教学方式。学生的学习方式是形成和发展学习能力的依托，是学习行为赖以运作的主渠道，也是自我发展的支柱所在。

以科学探究为主的学习方式，是科学教育的必然要求。例如在物质性质的教学中，氧气、二氧化碳、金属等性质的学习，教材都是通过学生的科学探究过程让学生自己去感受、去体会、去总结物质的性质。在学习过程中，每个人都有自己的学习方式，都体现了其独特的个性。教师要善于发现并尊重每个人的学习方式的独特性，努力促进新的学习方式的形成。

化学是一门以实验为基础的自然科学，化学实验是化学教育的一种最有效的教学形式，它可以帮助学生建立和巩固化学基本概念和基本理论，获取化学知识，培养学生的动手能力和实践能力。

新教材在内容上有许多有趣的实验，都要求学生自己动手完成以后，自行归纳总结物质的性质、用途，但传统的课堂上并不能满足学生自己动手，如危险的实验大多数教师都不会做，而是直接将实验结果告诉学生，但没有亲手做过，很多学生都靠死记，过不久都忘了，达不到化学新课标的最终目的。

为了学生不出现这种情况，教师应非常注重让学生学会自主学习，并让他们在暑假提前对所学的新内容进行大概的预习，课本中的实验都让学生在网校的动感课堂中亲手做一做。

在上新课之前要预习，课后要复习，在学习过程中具体要怎样做呢？根据化学学科的特点进行以下总结：

（1）勤于预习，善于做听课笔记

学生要想学好化学，必须先了解这门课程。课前也一定要预习，学生在预习时，除了要把新课内容仔细读一遍，还应在不懂处作上记号，并试着做一做课本上的练习。这样带着疑问、难点，听课的效率就会大大地提高。

初中化学内容比较多，教师在讲课时，会着重围绕重点内容进行讲授。因此学生要仔细听课，认真做笔记，这不仅有利于进行课后复习，掌握重点，而且还可以有效地预防上课时走神。不过，在做笔记时，必须讲究方法，学生要在听清楚教师所讲内容的基础上，记重点、难点、疑点和课本上没有的内容。

（2）常复习，多记忆

在课后应及时进行复习，认真做好作业，这是学好化学的重要环节。复习可采用课后复习、每周复习、单元复习、章节复习、综合复习等。复习的方法有复述、默写、做练习等。只有通过多次复习才能牢固地掌握知识。

现行初中化学课本中有五六十个基本概念和原理，要求学生掌握的元素符号二十多个，还有许多的化学式和化学方程式以及其他一些知识。这些内容都需要学生在理解的基础上记忆，它们多为学习化学的基础，若不能熟记，便会感到在"化学王国里"行走困难。

（3）吃透课本，联系实际

以课本为主线，认真吃透课本，这是学好化学的根本。为此，同学们必须善于阅读课本，做到课前预读、课后细读、经常选读等，既重视主要内容，也不忽视小字部分和一些图表及选学内容。

中学化学内容与生活、生产联系紧密。这就要求学生在学习化学的同时，应尽量联系生产、生活实际，从身边的生活中发现化学，体味化学，这样就能越学越有兴趣，越学越想学，越学越爱学。

（4）重视实验，培养兴趣

化学是一门以实验为基础的学科，实验不仅可以激发学生的学习兴趣，而且对于学生形成化学概念、理解巩固知识、训练实验技能、培养观察和动手能力、提高思维和解决实际问题的能力都是非常重要的。

这就要求学生要认真、细致地观察老师的演示实验，对实验所用的仪器、药品、装置及实验原理、步骤、现象和注意事项，都必须弄清、记熟。

当今世界已进入信息时代，人类获取信息和知识的手段也在不断更新和提高。今后人们将会更多地从网上获取有价值的信息和知识。所以，新教材中增加了一处"信息网址"，这也是对教师和学生自身素质提出了更高的要求。

8. 初中生学习化学的方法

在面向 21 世纪的今天，现代化学正在帮助人类更好地解决能源、农业、环保、医疗、交通等方面的重大问题，这种发展趋势决定了化学在人类生活和新科技革命中的重要地位，化学教学要挖掘教学内容与材料、能源、环保、生命、农业等科学的联系，使学生感到生活中处处有化学。

教师应从学生的认知角度入手，注重学生的生活氛围，尊重学生的智力水平，最大限度地打开他们的心智，深入挖掘潜能，提升知识水平，在科学技术和物质生产高度发展的今天，学生必须掌握一定的化学知识，从而激发他们热爱化学的情感和努力学习的动机。

学生刚升入初三，就接触一门新的学科化学，由于学生思想重视不够，若再加上教师准备不充分，学习化学就没有一个良好的开端，学生对化学的新鲜感随之消失，维持不了学习兴奋，学生潜能很难挖掘，对知识的提升产生不良影响。

　　化学学习与其他学科有所不同，要记忆的知识更多，有的需要死记，如元素符号，常见元素的主要化合价等化学用语；有的需要理解记忆，如概念和定义、化学方程式、元素周期律等。没有掌握这些基础知识，会给今后的学习造成障碍。笔者认为采取必要的教育措施，是可以帮助学生挖掘化学学习的潜能的，以下是具体的方法。

巧留思维空间，提高课堂效率

　　课堂教学是提高教学质量的主阵地，抓好课堂教学，无疑是提高教学质量的保证。课堂上，教师给学生留一个思维的空间，有利于提高课堂效率。画家画画，不会铺天盖地、布满画纸，而总会留点空白。

　　"踏花归来马蹄香""蛙声十里出山泉"不就是有名的留白之作吗？因"留白"使观画者有了遐想的余地；作家作文，讲究含蓄，"纸有尽而意无穷"，目的是让读者从有尽文字中体会无尽之意；音乐家演奏，时而"千山咆哮"，时而"万马齐喑"，目的是让听众于无声处想音乐，达到无声胜有声的效果。

　　同样，有经验的教师从来不会"满堂灌"，而是在细针密线，鞭辟入理的同时，给学生留一个思维的空间，为学生的潜能的挖掘提供热源，那么，如何给学生留一个思维的空间呢？笔者认为有以下八种方法。

　　（1）抛砖引玉法

　　所谓"抛砖引玉法"，就是在课堂讲授时，教师讲关键，点要害，把线索思路抛出去，然后留一定时间让学生思考引出事物的本质特征。这好比射箭一样，教师引导学生张满了弓，却不发箭，让学生自己把箭射出去。

例如，在讲解中和反应时，教师做了氢氧化钠溶液与盐酸的反应，先在试管中加入氢氧化钠溶液，滴加几滴酚酞后出现红色，然后逐滴加盐酸，在加到最后一滴时，红色刹那间变成无色，在学生们的惊呼声中，教师把关键字眼用着重号标出来，让学生分析：氢氧化钠溶液滴加几滴酚酞为什么变红？氢氧化钠溶液与盐酸如何反应？反应后溶液中的溶质是什么？溶液的酸碱性？

这样，教师启而不发，指方向而不带路，讲学法而不讲结果，让学生自己探索，再把问题的答案说出来，学生的记忆便深刻了许多。

（2）演绎归纳法

所谓"演绎归纳法"是指教师在帮助学生温习旧知、扫除障碍、作好铺垫、唤起联想的基础上，让学生自己找出重点、得出结论、形成规律，即教师演绎，学生归纳。如习题课上某一类题的解法，教师可通过一组或几组不同的例题，描绘出大致的轮廓，帮助理清思路，而解题方法或规律，让学生自己去总结。

（3）蜻蜓点水法

如果说演绎归纳法是教师演绎，学生归纳，那么蜻蜓点水法则相反。此法教师只在重点、关键处点拨一二，给学生以简单的提示。大量问题则留给学生自己去思考解决。

例如，有这样一道题，"有 10 克石灰石样品，要测定其中碳酸钙的质量分数，现在其中加入 50 克盐酸，恰好完全反应后，杯中剩余物质量共 57.8 克，求碳酸钙的质量分数。"许多学生拿到题后，即开始进行计算，结果做得满头大汗还未有结果。此时教师可以板书出方程式稍加点拨："想一想杯中剩余物包括什么状态的物质呢？"学生恍然大悟，但具体解法留给学生自己去思索。

（4）举一反三法

我国古代教育家孔子提倡"举一隅而以三隅反"的教学方法。在现代教学中也应如此，教师不必面面俱到。对于某一类问题，只需抓住典型范例，深入浅出地讲解，以揭示规律，形成思路，而同类教材的其他内容，则留给学生自己去解决。让学生发散思维，触类旁通。

（5）蓄势推导法

为得出某个问题的结论，教师循循善诱，抽丝剥茧，把思考不断引向深入，把矛盾逐步加以披露。就在学生心理矛盾交错，欲解难解之际，教师进行点拨，使学生茅塞顿开，揭示问题的本质，学生自然得出结论，达到知识的彼岸，即所谓"水到渠成"。

（6）故意停顿法

在处理新课或疑难问题，或讲述某一内容时，为避免平铺直叙，教师讲到一定程度戛然而止，故意给学生留一小段时间，让学生默默地思考，在静思中孕育贯通的种子。同时让那些开思想小差或搞小动作的学生悬崖勒马，跟上课堂思路。

（7）存疑激思法

在某些问题的讲解中，教师故意留下一点不完全解决的问题，让学生去动脑思索；或者当学生回答某个问题，提出某种设想后，教师不急于作出评价，不匆忙作出结论，而是再问一句："这样行吗？"然后留一定时间，启发学生再思考。

（8）余地生辉法

一堂课里，切忌"两头无剩"的满堂灌。教师要在知识衔接处，或提出问题之初，或结论之后，留有一定的时间，让学生主动地或细细咀嚼，或反复品味，或变式练习，或广泛演绎，或判断得出答案，或提出新的问题。

总之，给学生留有思维驰骋的余地，充分发挥学生的积极主动性，让学生的思维开出绚丽的智慧之花。课堂中，教师给学生留一个思维的空间，也就给了学生消化、吸收、发现、驰骋的广阔天地。

在有限的知识探索过程中，最大限度地开发了学生的思考力、理解力，应用知识解决问题的能力，学生的能力在课堂上得到无限度地升华，有利于培养学生独立思考的习惯，使学生最大限度地参与到课堂教学中，教学效果事半功倍。这确实是一种高超的教学艺术。

树立信心，巩固学生学习化学的兴趣

教师应该经常教育学生要有顽强的学习意志，学习不可能一帆风顺。学生要有坚定不移的成功信念，鼓起勇气，面对现实，相信经过努力，才能获得中学初始阶段化学学习的成功，逐步将自己的思考水平调节到适度，保持探索的好奇心，进而取得成功。教师应鼓励学生勤学好问，多思善疑。

教师在辅导学生时，认真对待学生提出的问题。特别是困难生，即使是荒唐幼稚的问题，教师也要灵活回答。帮助找出错误的原因，千万不能训斥、挖苦，而要多多给予鼓励，有时还要由学生问教师问题变为教师主动询问学生有没有不懂的地方。

对学生能够回答出的问题，进一步问为什么，检验其知识的连贯性及举一反三的能力，让学生感受掌握知识的快乐；期末考试前的复习，由学生出一份期末考试卷测验教师，比教师给学生上两堂复习课的效果好，这样变换角色，教师可以"不会做"要学生给出参考答案，要学生给教师讲解试卷。这样学生既有新鲜感，复习较为主动，同时又增强了学生的自信心，巩固了学习兴趣。

利用学科特点，激发学生学习化学的兴趣

教育家杰罗姆·布鲁纳（Jerome Seymour Bruner）说："学习的最好刺激，乃是对所学材料的兴趣。"加强演示实验，学生实验，适当采用电化教学手段，利用各种教学挂图、表格，尽可能把课本知识

与日常生活、工农业生产联系起来，激发学生学习化学的兴趣，培养学生观察、思考、解决问题的能力。

比如，在讲完硬水及其软化的方法之后，教师可以提问学生热水瓶胆内的水垢是怎样形成的，应怎样清洗？学生讨论热烈，最后发给每个学生10ml醋酸拿回家清洗有水垢的热水瓶，第二天回校后要求学生说出自己的做法，所看到的现象，及化学原理，具体做法如下。

（1）创设家庭小实验，把课堂教学延伸至课外

教学实践表明，家庭小实验的引入，使课堂教学延伸至课外，它对激发学生学习兴趣、巩固知识技能、培养能力、开发智力起到一定作用。

但是由于青少年好奇心强，对观看实验很感兴趣，若教师预先不引导学生应注意什么，让学生凭个人爱好自由选择地观察某一现象，结果得出结论五花八门，有的学生抓不住要害，达不到实验的目的。所以教师一定要先强调应如何观察，观察哪几点。

例如，教师在做镁条燃烧这个演示实验前，重点指导学生观察镁条的形状、颜色等性质，点燃时要注意看发出耀眼的强光（不要正视，防止伤害眼睛），放热等，把点燃后生成物的状态、颜色和反应前的镁比较，让学生自己得出生成了新物质（氧化镁）等。这些细节都要交待清楚，才能集中学生的注意力，达到演示实验的效果。

同时，教师也使学生掌握化学实验的观察方法及实验操作方法，如点燃、用坩埚钳夹住镁条在火焰的外焰加热等。经过上面的培训，教师可以立刻向学生布置家庭小实验：用玻璃杯、饭碗和小蜡烛来测定空气中氧气的含量，学生开始产生兴趣，大多数学生在家里动手做了这个实验，有的成功，也有的不成功。

第二天到课堂上实验失败的学生询问教师，经过简要解释和指导后，有的同学回家又重复做了这个实验，一旦做成功了，其兴奋之情自不必说,学习化学的兴趣也随之激发出来。后来,每逢做演示实验时,

学生往往会问教师："我自己在家里能不能做？"

这些家庭小实验的开发，不仅丰富了学生课余生活，使学生扩大了视野，培养了学生的动手实验能力和观察分析能力，而且由于它们与课堂教学内容同步，也对知识的理解和巩固起到促进作用。

（2）在课堂上让学生多动手，提高学习的兴趣

在学习的过程中，要保持兴趣持久，必须做深入的研究，教师应采用适合的方法，让学生的兴奋点长时间保持。例如：喜好表现是当代青少年学生突出的心理特点之一。

因此，教师可以尽量通过课堂上的演示实验，积极为学生搭建表现的舞台，学生可参与课堂教学，并不是让学生只做观众。这样一来，不单有利于培养学生的实验能力，又可调动学生的求知欲和对化学实验的兴趣。

例如，在讲述氧气、二氧化碳、空气、氢气、一氧化碳五瓶气体的鉴别时，学生提出了很多方案。教师事先已准备了几套气体，教师选择了几个学生（当中包括错误的），让他们都到讲台上实际操作，并对其中做对的和操作正确的加以表扬。

明朝的教育家王阳明曾这样说过："今教童子，必使其趋向鼓舞，中心喜悦，则其进自不能已"。因此，在教学过程中，教师应恰当地给与学生成就感，给学生表现的机会，对保持其学习的兴趣是很有帮助的。

（3）提高实验的成功率，深化学习的兴趣

学习兴趣是学生学习自觉性和积极性的核心因素，是学习的强化剂。演示实验保证成功，才可以充分发挥演示实验在教学中的示范作用。

要保证演示实验成功，教师除了在课前做好充分的准备，对某些实验，还可以加以改进，以提高成功率，加强实验效果。要做到这个，就需要教师在这方面多下苦功。在学习分组实验中，由于学生掌握知

识的程度和动手能力的不同，因此往往不能每个人每次都成功。

对此，改进的方法是：把实验时间弹性化，根据不同水平的学生设置不同的目标，让每个学生都可以在自己预定的目标内获得成功。这样一来，一方面可以帮助学习好的学生向高、精的水平发展，另一方面也可以让一部分学习成绩不理想的学生积极参与实验，获得成功的体验，从而乐意学习、发奋向上。

（4）因材施教，情感投入，强化学生学习化学的兴趣

因人而异，强化教学过程，困难生往往没有抓紧课堂四十五分钟。教师的情感也是一种非常重要的教育力量，教师对学生的爱能在学生学习中产生积极的心理效应。

因此教师必须时时注意将教育的对象放在首位，以满腔热情去感动学生，把对学生的热爱的情感，期待的信念，积极的评价，准确地传递给他们，以提高学生自尊、自强、自重的意识，并将此逐步转化为能够驱使他们克服化学学习困难，不断进步的动力。

9．高中生学习数学的方法

高中学生不仅要想学，而且必须"会学"，要讲究科学的学习方法，提高学习效率，变被动学习为主动学习，才能提高学习成绩。

高中学生应该培养良好的学习习惯，良好的学习习惯包括制定计划、课前自学、专心上课、及时复习、独立作业、解决疑难、系统小结和课外学习八个方面。

制定计划

合理的学习计划是推动学生主动学习和克服困难的内在动力。计划先由教师指导督促，再一步要由学生自己切实完成，既有长远打算，又有短期安排，执行过程中学生要严格要求自己，磨炼学习意志。

课前预习

它是取得较好学习效果的基础，课前预习不仅能培养自学能力，而且能提高学习新课的兴趣，掌握学习的主动权。预习不能搞走过场，要讲究质量，学生应力争在课前把教材弄懂，上课着重听老师讲思路，把握重点，突破难点，尽可能把问题解决在课堂上。

专心上课

它是学习数学的关键环节，"学然后知不足"，学生上课更能专心听重点难点，把教师补充的内容记录下来，而不是全抄全录，顾此失彼。

及时复习

它是提高学习效率的重要一环，通过反复阅读教材，多方面查阅有关资料，强化对基本概念知识体系的理解与记忆，将所学的新知识与有关旧知识联系起来，进行分析比较，学生可以一边复习一边将复习成果整理在笔记本上，使对所学的新知识由"懂"到"会"。

独立作业

通过自己的独立思考，灵活地分析问题、解决问题，进一步加深对所学新知识的理解和对新技能的掌握过程。这一过程也是对学生意志毅力的考验，通过运用使学生对所学知识由"会"到"熟"。

解决疑难

它是指学生在独立完成作业过程中暴露出来对知识理解的错误，或由于思维受阻遗漏解答，通过点拨使思路畅通，补遗解答的过程。解决疑难一定要有锲而不舍的精神。学生把做错的作业应该再做一遍。

对错误的地方没弄清楚要反复思考。实在解决不了的问题要请教教师和同学，并要经常把易错的地方拿来复习强化，作适当的重复性练习，把请教教师和询问同学获得的东西消化变成自己的知识，长期坚持使对所学知识由"熟"到"活"。

系统小结

它是通过积极思考，达到全面、系统、深刻地掌握知识和发展认识能力的重要环节。小结要在系统复习的基础上以教材为依据，参照笔记与资料，通过分析、综合、类比、概括，揭示知识间的内在联系，以达到对所学知识融会贯通的目的。经常进行多层次小结，能对所学知识由"活"到"悟"。

课外学习

课外学习包括阅读课外书籍与报刊，参加学科竞赛与讲座，走访高年级同学或教师交流学习心得等。课外学习是课内学习的补充和继续，它不仅能丰富同学们的文化科学知识，加深和巩固课内所学的知识，而且能够满足和发展同学们的兴趣爱好，培养独立学习和工作的能力，激发求知欲与学习热情。

10. 高中物理学习的特点

与初中物理相比，高中物理的内容更多，难度更大，能力要求更高，灵活性更强。因此不少同学进入高中之后很不适应，高一进校后，力、物体的运动，暂时还没有什么问题。当学生学到牛顿运动定律时问题就开始来了，后面学生开始学习曲线运动、万有引力定律、动量、机械能，问题越来越大。

如果不及时改变学习态度和学习方法，物理对学生来说会越来越难，一提及物理就感到头痛，越来越讨厌物理，渐渐就失去了学习物理的兴趣。这就使一些初中物理学得很不错的同学，到高中后不能很快地适应高中阶段的物理内容而感到困难，以下就怎样学好高中物理谈几点意见和建议。

要改变观念

初中物理好，高中物理并不一定会好。初中物理知识相对比较浅显，并且内容也不多，更易于掌握。再加上初三后期，通过大量的练习和反复强化训练，提高了熟练程度，可使物理成绩有大幅度提高。

但是，分数高并不等于物理学得好、会学物理。如果学生学习物理的兴趣没有培养起来，再加上没有好的学习方法，那是很难学好高中物理的。学生首先应该改变观念，初中物理学得好，高中物理并不一定会学得好。学生应降低起点，从头开始。

要培养学习物理的浓厚兴趣

兴趣是思维的动因之一，兴趣是强烈而又持久的学习动机，兴趣是学好物理的潜在动力。培养兴趣的途径很多，从学生角度来说，应注意到物理与日常生活、生产、现代科技密切联系，息息相关。

在日常生活中有很多的物理现象，用到了很多的物理知识，如：说话时，声带振动在空气中形成声波，声波传到耳朵，引起鼓膜振动，产生听觉；喝开水时、喝饮料时、钢笔吸墨水时，大气压帮了忙；走路时，脚与地面间的静摩擦力帮了忙，行走过程中就是由一个个倾倒动作连贯而成；淘米时除去米中的杂物，利用了浮力知识；一根直的筷子斜插入水中，看上去筷子在水面处变弯折；闪电的形成等。

有意识地在实际中联系到物理知识，将物理知识应用到实际中去，使我们明确：原来物理与我们联系这样密切，这样有用，可以大大地激发学习物理的兴趣。从教师角度来说，应通过生动的学生熟悉的实际事例、形象的直观实验，组织学生进行实验操作等方式引入物理概念、规律，使学生感受到物理与日常生活密切相关。

结合教材内容，教师可以向学生介绍物理发展史和进展情况及在现代化建设中的广泛应用，使学生看到物理的用处，明确今天的学习是为了明天的应用；根据教材内容，教师经常有选择地向学生介绍一些形象生动的物理典故、趣闻轶事和中外物理学家探索物理世界的奥

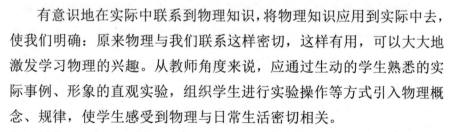

妙的故事；根据教学需要和学生的智力发展水平教师提出一些趣味性思考性强的问题等。教师从这些方面下功夫，也可以使学生被动地对物理产生兴趣，激发学生学习物理的激情。

要提高课上听课的效率

学习期间，在课堂中的时间很重要。因此听课的效率如何，决定着学习的基本状况，提高听课效率应注意以下五个方面。

（1）课前预习能提高听课的针对性

预习中发现的难点，就是听课的重点；学生对预习中遇到的没有掌握好的有关的旧知识，可进行补缺，新的知识有所了解，以减少听课过程中的盲目性和被动性，有助于提高课堂效率。学生预习后把自己理解了的知识与老师的讲解进行比较、分析即可提高自己思维水平，预习还可以培养自己的自学能力。

（2）听课过程中要聚精会神

学生在听课时，一定要全神贯注，不能开小差。全神贯注就是全身心地投入课堂学习，做到耳到、眼到、心到、口到、手到。学生若能做到这"五到"，精力便会高度集中，课堂所学的一切重要内容便会在自己头脑中留下深刻的印象。

要保证听课过程中能全神贯注，不开小差，上课前必须注意课间十分钟的休息，学生不应做过于激烈的体育运动或激烈争论或看小说或做作业等，以免上课后还气喘嘘嘘，想入非非，而不能平静下来，甚至大脑开始休眠。学生应做好课前的物质准备和精神准备。

（3）特别注意老师讲课的开头和结尾

教师讲课开头，一般是概括前节课的要点和指出本节课要讲的内容，是把旧知识和新知识联系起来的环节，结尾常常是对一节课所讲知识的归纳总结，具有高度的概括性，是在理解的基础上掌握本节知识方法的纲要。

（4）作好笔记

笔记不是记录而是将上述听课中的重点，难点等作出简单扼要的记录，学生记下讲课的要点及自己的感受或有创新思维的见解。以便复习，消化。

（5）要认真审题

学生要认真审题，理解物理情境、物理过程，注重分析问题的思路和解决问题的方法，坚持下去，就一定能举一反三，提高迁移知识和解决问题的能力。

做好复习和总结工作

（1）做好及时的复习

上完课的当天，学生必须做好当天的复习。复习的有效方法不只是一遍遍地看书和笔记，而最好是采取回忆式的复习：先把书、笔记合起来回忆上课时老师讲的内容，例如：分析问题的思路、方法等尽量想得完整些。

然后打开书和笔记本，对照一下还有哪些没记清的，把它补起来，巩固了当天上课内容，同时也就检查了当天课堂听课的效果，也为改进听课方法及提高听课效果提出必要的改进措施。

（2）做好章节复习

学生学习一章后应进行阶段复习，复习方法也同及时复习一样，采取回忆式复习，之后与书、笔记相对照，使其内容完善，最后应做好章节总节。

（3）做好章节总结

章节总结内容应包括以下部分。本章的知识网络、主要内容、定理、定律、公式、解题的基本思路和方法、常规典型题型、物理模型等。自我体会：对本章内，学生自己做错的典型问题应有记载，分析其原因及正确答案，应记录下来本章觉得最有价值的思路方法或例题，以及还存在的未解决的问题，以便今后将其补上。

（4）做好全面复习

为了防止前面所学知识的遗忘，每隔一段时间，最好不要超过十天，学生应该将前面学过的所有知识复习一遍,可以通过看书、看笔记、做题、反思等方式。

处理好练习题

有不少同学把提高物理成绩的希望寄托在大量做题上，搞题海战术。这是不妥当的，重要的不在做题多，而在于做题的效益要高、目的要达到。做题的目的在于检查学过的知识、方法是否掌握得很好。

如果学生掌握得不准，甚至有偏差，那么多做题的结果，反而巩固了学生的缺欠，因此，在准确地把握住基本知识和方法的基础上做一定量的练习是必要的。

对于中档题，尤其要讲究做题的效益，即做题后有多大收获，这就需要学生在做题后进行一定的"反思"，思考一下本题所用的基础知识，主要针对的知识点，选用哪些物理规律，这道题是否还有别的解法，本题的分析方法与解法，在解其它问题时是否也用到过，把它们联系起来，学生就会得到更多的经验和教训，更重要的是养成善于思考的好习惯，这将大大有利于学生今后的学习。

当然没有一定量的练习就不能形成技能，学生不做练习题也是不行的。另外，无论是作业还是测验，都应把准确性放在第一位，方法放在第一位，而不是一味地去追求速度，也是学好物理的重要方面。

还要重视观察和实验

物理知识来源于实践，特别是来源于观察和实验。学生要认真观察物理现象，分析物理现象产生的条件和原因。学生要认真做好物理学实验，学会使用仪器和处理数据，了解用实验研究问题的基本方法。

学生要通过观察和实验，有意识地提高自己的观察能力和实验能力。

总之，只要学生虚心好学、积极主动、踏实认真，在对知识的理解上下功夫，要多思考、多研究，讲求科学的学习方法，多联系生活、生产实际，注重知识的应用，学生是一定能够学好高中物理的。

11．高中生学习物理的方法

学好高中物理的"七要"

（*1*）要有很强的自信

很多同学，特别是女同学，在进入高中之前，或者在刚进入高中的时候，就被"高中物理难学"之类的观点吓住了，从心里上给了自己一个消极的暗示。还没有开始就给自己戴上了沉重的枷锁。初次接触高中物理，学生需要充分相信，凭自己的努力，一定可以学好物理，乐观对待，付出实在的努力，学生一定会成功。

（*2*）要重视复习和预习

学生要做到上课前对将要学习的知识有所了解。这样在听课时，能将注意力很快集中到最重要、最关键的知识点上，提高听课效率，丰富感性认识，从而验证自己预习时对知识的理解，掌握所学的知识。也为自己在课外少留疑难问题，以便有更多的时间供自己支配。

（*3*）要重视观察和实验

物理知识来源于实践，特别是来源于观察和实验。观察是收集材料，积累数据是获得感性认识和认识客观规律的一条重要途径。学生要认真观察物理现象，分析物理现象产生的条件和原因。学生要认真做好物理学实验，学会使用仪器和处理数据，了解用实验研究问题的基本方法。

学生要通过观察和实验，有意识地提高自己的观察能力和实验能力。同时，观察要有目的性，学生在观察时要明确观察对象、条件、要求及观察的计划和步骤。

（4）要重在理解

学好物理，应该对所学的知识有确切的理解，弄清其中的道理。物理知识是在分析物理现象的基础上经过抽象、概括得来的，或者是经过推理得来的。获得知识，要有一个科学思维的过程。学生不重视这个过程，头脑里只剩下一些干巴巴的公式和条文，就不能真正理解知识，思维也得不到训练。学生要重在理解，有意识地提高自己的科学思维能力。

（5）要学以致用

学到的知识，要善于运用到实际中去。不注意知识的运用，学生得到的知识还是死板的，不丰满的，而且学生不能在运用中学会分析问题的方法。学生要在不断的运用中，扩展和加深自己的知识，学会对具体问题具体分析，提高分析和解决问题的能力。

同时，注重纵横联系。随着高考模式的改革，对同学们学习物理提出了更高的要求。在学习的过程，学生不能仅仅局限于掌握本学科知识，而且还要利用本学科的知识，去分析处理其它学科中与本学科有关联的问题。

（6）要重视练习

做练习是学习物理知识的一个环节，是运用物理知识的一个方面。每做一题，务求真正弄懂，务求有所收获。我国物理学家严济慈先生曾说："做习题可以加深理解，融会贯通，锻炼思考问题和解决问题的能力。一道习题做不出来，说明你还没有真懂；即使所有的习题都做出来了，也不一定说明你全懂了，因为你做习题时有时只是在凑公式而已。如果知道自己懂在什么地方，不懂又在什么地方，还能设法去弄懂它，到了这种地步，习题就可以少做。"所以说，学生在做习题时要做到质与量的有机统一，最大限度地提高学习效率，少做无用功。建议大家准备一个专门的笔记本，用于收集、整理平常练习及考试中出错的问题，让自己在这些地方不在犯第二次同样的错误。

（7）要勤动手，不浮躁

常见许多同学，上课时不认真，总认为自己这也懂，那也明白；对自己做错的习题，满不在乎，马马虎虎看过了事；看参考资料，如同看小说，对自己的理解能力、记忆能力、灵活运用能力，总是过于自信。

结果却事与愿违，现实经常同这些眼高手低的同学开玩笑。他们在考试时总得不到高分，经他人一提醒，他们对出错的问题就能"恍然大悟"，就是自己独立思考时不能做出来。听一百遍，看一千遍，不如自己动手做一遍。此话虽然有点夸张，但还是有道理的。

物理现象课学习的方法

物理现象多种多样，有简单的，有复杂的，教师在教学中针对不同的物理现象要采用不同的教学方法。

（1）自学法

有些物理现象比较简单，学生通过自学是可以掌握的，教师设计几个有关该物理现象的思考题交给学生，让学生带着问题看书，然后在教师的指导下，学生分析、讨论思考题，得出结论，从而达到认识和理解该物理现象的目的。

例如，在"噪声"的教学中，教师设计了以下几个思考题：一是，噪声的来源有哪些？二是，噪声的等级是怎样划分的？零分贝的含义是什么？三是，减弱噪声的途径有哪些？

学生通过认真的自学，一般都能正确回答这些问题．教师在学生回答的基础上，对这些问题进行归纳、总结，使学生对"噪声"现象有了更加深入的认识和理解。这样做，教师可以充分调动学生的学习积极性，培养学生的自学能力.

（2）演示实验法

有些物理现象，教师可以先用生动具体的实验直观演示，让学生观察该物理现象，使学生获得感性认识；然后教师要求学生通过自学看书来解释这个物理现象；最后由教师总结现象，使学生从感性认识上升到理性认识。

例如，在"惯性、惯性现象"的教学中，教师先把课本所示的实验演示给学生看，学生观察到：被打飞的棋子飞出去后，上面的棋子仍然留在原处，接着教师提问：上面的棋子为什么不和被打飞的棋子一起飞出去呢？这是学生急切想弄明白的问题。

通过看书和分析，大多数学生都知道了这是因为上面的棋子具有惯性，要保持原来的运动状态，所以仍然留在原处。教师再将课本所示的实验演示给学生看，学生观察到：静止的小车被突然用力一拉，小车上竖放的木块倒向后方；运动的小车突然停止时，小车上竖放的木块倒向前方。

教师提问：木块为什么会倒？为什么两种情况下木块倒下的方向不同？这也是学生迫切想弄明白的问题. 通过看书和分析，大多数学生都明白了：当突然用力拉动静止的小车时，由于木块和车面间有摩擦，木块底部立即随小车运动；但木块具有惯性，其上部仍要保持原来的静止状态，木块上部仍然静止，所以木块倒向后方。

当运动的小车突然停止时，由于木块和车面间有摩擦，木块底部立即随小车停止运动；但木块的上部要保持原来的运动状态，仍然继续前进，故木块倒向前方。最后由教师总结：静止的物体有惯性→运动的物体有惯性→一切物体在任何情况下都具有惯性。再让学生根据亲身体会，谈一谈惯性现象在日常生活和生产中的应用。这样一来，学生对惯性现象的认识和理解就更加深刻了。

（3）探索实验法

有些物理现象，教师设计一些分组实验，让学生自己动手做实验，学生通过实验探索研究物理现象，观察物理现象产生的条件，理解物理现象的意义。

例如，在"电磁感应现象"的教学中，教师将学生分成若干个实验小组，每组有如下器材：一个检流计、一个线圈、一个条形磁铁、一个马蹄形磁铁、一个直铁棒、导线若干，让学生根据课本上的实验电路图去研究、探索电磁感应现象。

在教师指导下，通过实验研究和理论分析，大多数学生都能将导体切割磁感线的情况和条形磁体穿过闭合线圈的情况统一起来，认识到产生电磁感应现象的条件是：穿过闭合电路中的磁通量发生变化。学生通过自己研究和观察物理现象，理解得深，掌握得牢。这样做，不仅使学生获取了物理知识，而且使学生掌握了获取物理知识的方法。

（4）讲述、讨论法

有些物理现象，学生认识和理解它十分困难，此时，要发挥教师的主导作用，通过教师精心设计的演示实验，详细完整地进行理论分析，积极组织学生讨论，可使学生充分认识和理解这些物理现象。

物理现象课学习中应注意的问题

在物理现象课的教学过程中，要注意以下五个问题。

（1）注意物理现象产生的条件

各种物理现象都是在一定条件下产生的，因此在教学中教师应充分了解和认识各种物理现象产生的条件。有些物理现象是随着条件的变化而变化的，更应引起注意。

如蒸发现象是在常温下进行的，如果温度升高到一定的程度，达到沸点，液体就沸腾了，变成了沸腾现象。

（2）现象千变万化，错综复杂

物理现象和过程之间存在着各种联系，在这种联系中，有的是本质的、必然的联系；有的是非本质的偶然的联系；也有的实际上是完全无关的联系。因此，在教学中，教师要引导学生从形形色色的联系中，排除各种非本质的联系，把现象的本质显露出来，透过表面现象，抓住它的本质。

比如，烧开水的水壶冒出的"白气"，冬天人呼出的"白气"，有人认为这是汽化现象，其实是错误的。这个现象的本质是：沸水的蒸汽和人呼出的水蒸气遇到较冷的空气液化成小水滴，形成雾状物，人眼看来就是"白气"。又如，磁现象的电本质：磁铁的磁场和电流的磁场一样，都是由运动电荷产生的。

（3）理解物理现象的意义

各种物理现象都有各自的物理意义，教师在教学中要引导学生充分理解各种物理现象所揭示的物理问题，弄清其物理意义。比如，失重现象和超重现象，并不是物体的重力发生了变化，而是因为物体的运动状态发生了变化，使物体间的作用力发生了变化，从而产生超重和失重的物理现象。

（4）注意物理现象间的联系与区别

有些物理现象之间存在着相互的联系，同时又有区别。在教学中，教师要引导学生分析和认识这些物理现象间的联系与区别。比如，蒸发和沸腾这两种现象都是汽化现象，都要吸热。蒸发可在任何温度下进行，而沸腾只能在一定的温度下发生；蒸发只能在液体表面上发生汽化，而沸腾是液体内部和表面同时发生汽化；蒸发过程缓慢，而沸腾过程剧烈。

（5）注重物理现象的应用

在教学中，教师要引导学生运用各种物理现象来解释生活和生产中所遇到的实际问题。比如，惯性现象在日常生活中有广泛的应用：投出去的篮球能继续飞行；射出的子弹能继续飞行；各种交通工具高速运动时，遇到紧急情况，不易停下来，容易发生交通事故等。

又如，各种热现象在日常生活中有广泛的应用：夏天扇扇子感到凉爽；冬天要穿棉衣；夏天要穿衬衣等。教师运用物理规律去解释各种物理现象，才能加深学生对物理现象的理解。

12. 高中化学学习的特点

高中化学与初中化学相比，有下述几方面的特点。

概念抽象

初中化学是化学教育的启蒙，注重定性分析，以形象思维为主，从具体、直观的自然现象和实验入手建立化学概念和规律，使学生掌握一些最基础的化学知识和技能，初中化学很大程度上是记忆型，欠缺独立思考能力的培养，学生习惯于被动接受的方式获取知识。

而高中除定性分析，还有定量分析，除形象思维侧重抽象思维，在抽象思维基础上建立化学概念和规律，使学生主动地接受和自觉获取知识，发展智能。如氧化还原反应有关概念既抽象，理论性又较强，概念一个接一个，学生一时不适应，这是学生进入高中所面临的挑战，给教与学带来一个十分尖锐的矛盾。

进度快，反应方程式复杂

初中进度相对高中较慢，要领或定律学习巩固时间较长，学生在往后的学习中有较充裕的时间加以消化，而进入高中以后，教学内容的深度、广度、难度显著增加，进度加快，化学方程式增多，多数反应失去了初中掌握的反应规律，这在理解和掌握上都增大了难度。

如果不及时消化，学生就会在以后的学习中相当被动，如高一Cl_2的实验室制法，Cl_2与水、碱的反应，Na与氧气反应的不同情况等，学生一时难以理解，深感难掌握、难记忆，不太适应。

内涵深，联系广

例如，氧化还原反应、离子反应可以渗透到今后的各个章节中。还有摩尔使微观与宏观联系起来，渗透在高中教材的各个章节，对整个高中化学计算起着奠基的作用。

再如物质结构、元素周期律是整个高中化学的重点，学得好可促使学生对以前学过的知识进行概括、综合，实现由感性认识上升到理性认识的飞跃，并能使学生以物质结构、元素周期律为理论指导，探索、研究后面的化学知识，培养分析推理能力，为今后进一步学好化学打下坚实的基础。

抓典型，带一族

初中化学只是具体介绍某一元素及化合物的性质，了解其在生产和生活中的重要用途，而高一教材以氯、钠、硫、氮为重点，详细介绍它们的物质及重要化合物，通过分析同族元素原子结构的相同点和不同点研究它们在性质上的相似性和递变性；运用归纳、对比培养学生科学研究的方法，这是学习元素化合物知识与初中不同的一个特点。

13．高中生学习化学的方法

化学课的学习主要有以下几个阶段：预习，听课，复习和完成作业等四个阶段。下面我们就来谈谈如何针对这几个阶段学好高中化学。

预习阶段

概括起来就是"读、划、写、记"。"读"，学生要有课前预读的习惯，能根据预习提纲带着问题读懂课文，归纳含义；"划"，学生要划出重点、要点、关键词、句。在课本上圈圈点点。

"写"，学生要把自己的想法、疑点写下来，带着想不通的，不理解的问题去听课。"记"，学生要把重要的概念、定义、性质、用途、制法多读几遍，记在脑子里。我国清代著名的教育学家唐彪曾说："疑者看到无疑，其益犹浅，无疑者看到有疑，其学方进。"

教师要教给学生怎样发现问题，怎样提出问题，学生不断解决问题，认识能力就会提高。在预习中不仅要求学生能回答教师提出的问题，能质疑问题，而且要指导学生逐步学会确定学习目标、学习重点，安排学习过程，掌握正确的学习方法。

听课阶段

课堂听讲，在中学时代是学生获取知识的主要来源。因为在课堂教学中，教师要启发学生的思维，系统地讲解化学概念和规律，指导学生演示实验、组织讨论、探索新知识、解答疑难问题、点拨思路、纠正错误，并在科学方法的运用上做出规范。

因此，在课堂上学生一定要专心听讲，开动脑筋，在教师的引导下，对所学知识深入理解。同时学生要学习教师分析问题、解决问题的逻辑思维方法，这样可以使学生在学习中少走弯路。学生在课堂上听讲，还要做到边听、边想、边记。

（1）听好课的三要素

①恭听。学生在上课听讲时要有明确的学习目的和严肃的学习态度，全神贯注，做到眼、耳、手、脑并用，自觉遵守课堂纪律，高度集中注意力，才能提高听讲的效率。

②思维。学生在听课时要积极开动脑筋思维，注意听教师解决问题的思路、方法和解题的规范要求。思索教师从现象、事实到结论的分析、归纳得到结论的过程，或演绎、推理的过程，以及说理、论证过程或操作过程、装置原理。其关键是要发展思维能力，理解所学的内容，而不是只记结论。

③记忆。思维的同时也在进行记忆。记忆要及时，并注意反复巩固，记忆也要讲究方法。

（2）听讲的方法

和其它学科一样，听化学课应全神贯注，做到眼到、心到（即思想集中）、耳到和手到，关键是心到，即开动脑筋，积极思维，想懂所学内容，根据化学学科的特点，这"四到"各有其特点。

①"眼到"。除了以演示实验等直观教学看得全面，重要的是在教师指导下，分清主次现象，能迅速捕捉一瞬即逝或现象不够突出和不够明显，而又属于反映物质及其变化的本质属性的现象。这就要求学生能高度集中注意力，同时要记住这些现象。不论好看有趣与否，学生要有明确的学习目的和学习态度，自觉提高和发展观察能力。

②"耳到、心到"。着重点是开动思维器官，听清和思索教师从现象、事实到结论的分析、归纳得出结论的过程，或演绎推理过程，以及说理、论证过程和操作及装置的原理等，也就是那些属于理解的内容。学生要切实克服和改变不注意听和想的过程，而只记住结论的不正确的学习方法。耳到、心到的关键是发展思维能力，理解所学的内容。当然，在此前提下该记住的内容，还是要记住的。

③"手到"。主要的是按要求和规范，学生认真进行实验操作，掌握实验技能。至于笔记，学生要学会记要点、记提纲，不要因记笔记而影响看、听和想。在检查复习时，学生要认真思考教师提出的问题，注意听同学的回答，看同学的操作。

不要因没有检查到自己而不认真想、不注意听和看。当同学的回答、操作与自己的认识不一样时，更要想一想有无道理。总结巩固阶段，主要是会小结归纳，使一堂课所学的内容在头脑中条理分明并形成系统，同时回忆看或所做的实验。

复习阶段

复习是化学教学的重要组成部分，也是重要教学环节之一，复习是学生进一步获得知识、发展智力、培养能力必不可少的教学程序。

在复习过程中，学生要针对知识、技能上存在的问题，根据大纲要求和教材的重点，对知识进行整理，使分散的知识点串成线成网，使之系统化，结构化。

（1）复习的种类：

复习的种类、方法各异，但复习的种类，大致可分为新课中的复习、阶段复习和学年总复习三种。

①新课中的复习。这种复习是把与新课有联系的已学知识在新课教学中进行复习。目的是"温故知新"。从已知引出未知，由旧导出新，降低新课的教学难度。教师可采用课前提问，或边讲新内容边复习旧知识的方法。

②阶段复习。这种复习一般分为单元复习、每章复习和学期复习。单元复习就是把每章按内容划分为几个单元，每一单元讲完后复习一次。如第一章可分为一至三节和四至八节两个单元。

每章复习是在上完了一章内容的课程后进行的。它的作用是把整章进行归纳、综合并进行一次小测试。其方法可根据每章后面的"内容提要"有所侧重地进行，并结合学生实际，做每章后面的复习题或选做适量的课外练习题进行消化、巩固。

学期复习是在学期期末考试前集中两周时间，把一学期学过的知识进行一次综合复习。通过复习及学期考试检查，将暴露出来的问题通过寒暑假作业弥补，为学习后面的知识打好基础。以上各阶段复习，按课本的顺序进行为宜。这样可以充分发挥课本的作用，便于学生掌握。

③学年总复习。它是在上完全册教材的课程后进行的，不受章节或阶段知识的限制。通过总复习，使学生掌握的知识比较系统化、条理化，有较好的综合运用的能力。学年总复习一般可分为系统复习和综合训练两个阶段。

（2）复习的基本步骤

学生在每次复习前必须要有计划做好复习准备。例如，一个晚上自学两小时，就应根据一天学习的学科和学科的性质，做科学安排，即内容相似的不要前后相连复习，应间隔复习。这是因为从心理学上讲，相似的学科相连复习往往引起干扰，降低复习效果。

学生在复习时最好先回忆，或根据听课所记要点，回忆当天学习了哪些内容，主要教材是什么，进行了哪些实验，等等。然后再复习课文。在这个时候，学生可根据回忆，有困难或不明确的地方多复习，理解了没有问题的少复习，这样既可节省时间，而且可集中力量来弄通困难教材，掌握重点。最后，再合上书本思考一遍，特别要明确教材的重点、难点部分，然后才做作业。

化学是以实验为基础的一门学科。因此，在复习时，要十分注意这一特点。对每一项实验，必须注意它的变化、现象、仪器装置、操作手续，从现象到本质去认识它、理解它。同时，学生在复习时必须对所做过的实验已观察到的变化，从现象到本质地进行回忆、复习，并且还要注意实验装置及操作手续。

（3）复习的操作方法

复习是对知识的识记、掌握、巩固、深化、提高的过程。通过复习进行总结，归纳章节内容，列出知识之间的相互联系，有助于知识的条理化、系统化，有助于学生逻辑思维能力及综合能力的提高。根据不同的内容，可选择以下不同的方法。

①实例法。对物质的性质、制法、存在、用途必须有机地联系起来进行复习。通过实例，认识物质的制法、用途、存在决定于它的性质，它们之间是有机的内在联系的。因此，在复习某一物质的性质的同时，应根据此性质认识它的制法与用途，联系它的存在。

同样，复习用途与制法，也必须充分了解它们所根据的是该物质的哪些性质。如复习铵盐与碱反应放出氨气的特性时，便应注意联系氨的实验室制法。因为氨的实验室制法，就是根据铵盐这一特性。

②对比法。化学知识点之间存在异同，复习时若能进行一些对比分析，可加深理解和记忆。元素间、化合物间、同族元素与异族元素间，以及一些概念不同，复习时均可进行对比。

对比的方法不仅能够加深、扩大、巩固新旧知识，而且是培养学生分析、综合及概括能力的过程。如物质的溶解度和溶液的百分比浓度，可以从定义、条件、范围、计算公式等方面来对比分析，找到联系与区别，以便灵活运用。

③联想法。复习时要善于将前后知识进行联想，使之系统化如复习氢气的性质时，可联想到氢气的制法、用途，有关的实验现象、装置，注意事项等。联想法是复习化学的一种行之有效的方法。

④归纳法。归纳是一种重要的复习方法，它把零散的知识，复杂的内容整理成提纲或图表。如氧化物、酸、碱、盐之间，通过学习就可摸索出它们相互间的转化规律，归纳成图表，成为全章及全书的知识概括和小结。

⑤联系实际法。要反复通过实例，联系实际，通过反复思考究竟联系什么和如何联系，逐步学会联系实际。化学实验是化学教学联系实际的重要方面，按上面所述，重视复习实验，对生活中的各种事物和现象，教师要结合教学加以联系，使学生逐步学会联系。

完成作业

化学学科的课后作业及解题过程也有其自己的规律。

①认真审题，明确要求。首先要认真理解题意，弄清题目给出什么条件，需要回答什么问题，也就是明确已知和求解。

②回忆知识点，确定解题方案。在审清题意的基础上，回忆有关的化学概念、基本理论、计算公式等化学知识，设计一条解题途径，

制订出解题的方案。

③正确解题，完美答案。把解题的思路一步步表达出来，注意解题的规范性和完整性。解题结束时，学生要注意反复检查，以提高解题的正确率。

④展开思路寻找规律。这是最后一环，也是大多数学生最容易忽视且至关重要的一个步骤。一道题目做完以后，学生要结合己作好的题目联系前后的思路，从中悟出带有规律性的东西来，就会事半功倍。反之就是做无数道练习题，也达不到巩固知识、训练技巧、提高能力的目的。

⑤化学学习的过程是由一系列阶段组成的，阶段与阶段之间，既有联系又有区别，学生在学习时应掌握好各阶段和各层次之间的协调，只有这样学生才能学好化学，用好书本知识，才能更好地理论联系实际，将化学学好，为我所用。

第二章

学生提高理科能力故事推荐

1．阿基米德与王冠

阿基米德是古希腊著名的物理学家、数学家。

有一次，国王叫金匠做了一顶纯金的王冠，他想知道那是不是纯金的，于是国王把阿基米德召来，让他查个水落石出。阿基米德找来一块和王冠同样重的纯金块、大小相同的两个罐子和两个盘子，然后把王冠和金块分别放进装满水的罐子里，当水溢出来时，各用一个盘子接着。最后，把这些溢出来的水分别倒进两只同样大小的杯子里，一比结果发现溢出来的水不一样多。王冠的秘密就这样被阿基米德揭开了，而揭开王冠秘密的方法就是物理学上的著名的阿基米德定理，即浮力定律。

2．肥皂泡中的启示

牛顿从剑桥大学毕业后，回家探亲。一天，他和父亲到田间锄草。休息时，牛顿摘下蒲公英的茎条，他用来吹肥皂泡玩。吹着、吹着，他突然发现一个个肥皂泡在阳光下变得花花绿绿，便奇怪地问父亲。父亲说："这有什么稀奇，肥皂泡本来就这样。"牛顿说："不，这一定与太阳光有关，它说明阳光并不只是一种颜色。"父亲说："谁不知道太阳光是白色的？傻孩子！"

牛顿说："问题没这么简单，我要认真地研究一下。"这个自小就倔强的牛顿，一旦遇上疑惑，不弄个水落石出，他是不会罢休的。

第二天，天空晴朗，阳光明媚。牛顿收拾了一些必要的器具，开始了自己的实验。当他一边吹肥皂泡，一边拿着一块三棱形的玻璃片观察时，玻璃片呈现出红、橙、黄、绿、青、蓝、紫七种色彩。"啊！阳光中包括七种颜色。"牛顿为自己的发现欢呼雀跃着，但他马上又想到：白光既然可以散成七色，那么，七色光聚在一起，是不是就可以得到白光呢？于是，他连忙试验，果然如此。

就这样，牛顿从普通的肥皂泡上，发现了光学物理中一个十分重要的原理——光的色散和聚合原理。

3．飞碟之谜

1947 年 *6* 月，美国新闻界报道了这样一件奇事：一位灭火器材公司的老板驾驶着他的私人飞机在天空飞行，突然，他的眼睛被一阵强光所吸引，他定睛一看，只见在他的前方，出现了九个奇怪的飞行物，这些飞行物形状又大又扁，并且一蹦一跳地飞着，它们就像飞行的碟子一样，它们快速地升高、旋转，然后消失了。

飞碟一事轰动了美国。此后，在美国、加拿大、巴西等国相继有人报告说见过类似的物体。几十年来，世界各地都有人称看见过此类物体的出现。后来，人们根据目击者的描述，得知这类物体一般呈碟子形、草帽形、球形等，人们把它称为未经探明的空中飞行物，在英文中，它的缩写名字是 UFO。

在我国，也有人看见过飞碟。*1979* 年 *12* 月的一天晚上，昆明市一所中学的几个同学，下晚自习回家时，他们发现不远处的天空中有个红红的火球悬浮着。很快，它又高速旋转着飞起来，它上下左右轻盈地飞舞着，五分钟后，火球突然加速，瞬间消失得无影无踪。

飞碟究竟是什么？它从何而来？它是虚构的幻觉还是确有其物？围绕着飞碟，是一连串扑朔迷离的疑团，真相如何，我们正期待着科学家们的回答。

4. 爱迪生发明灯泡

爱迪生在 1877 年完成留声机的发明后，转向对电灯的研究。他翻阅了大量的资料，发现要使电灯能照明，关键在于灯丝。于是他先后试用了 1600 多种植物纤维和矿物质做实验，可都没有成功。

有一天，爱迪生看见妻子用来缝制衣服的棉线，顿时眼睛一亮。他拿起一团棉线，直奔实验室，他把棉线烧成炭丝，做成灯丝安装在灯泡上。接通电源后，灯泡立刻发出耀眼的光芒，把整个实验室照得通明。世界上第一盏白炽灯终于诞生了！这盏灯足足亮了 45 个小时，后来，爱迪生又对灯丝进行了改进，使电灯亮了 1200 多个小时。

5. 雷达的发明

1940 年 9 月 15 日，疯狂的希特勒集中 500 架德国飞机偷袭伦敦，可是，德国法西斯的飞机还没有进入英国领空，就遭到英国歼击机和地面炮火的攻击，结果有 105 架德国飞机被击落。

原来，英国之所以能早早地发现敌机，是因为他们当时已经发明了雷达。这应归功于物理学家罗伯特·沃特森·瓦特。因为雷达是他发明的。

1934 年的一天，罗伯特·沃特森·瓦特在实验室观看荧光屏上的图像时，突然发现图像中出现了一连串的亮点。经过反复地实验，他发现那是距实验室不远的一座高楼反射回来的电波信号。这一意外发现使罗伯特·沃特森·瓦特想到：既然近处的高楼能反射电波，那么更远的东西是否也能反射电波呢？如果可以，那不就可以从荧光屏上及时发现入侵的敌机吗？在英国政府的支持下，他试制成了电波发射装置和接收电波的装置。经试验，飞机在 *12* 公里以内起飞后，发射出去的电波碰上了飞机后迅速反射回来，发现了目标。半年后，雷达更加完善了，外来信号在屏幕上能直接以光带的形式出现。这样，飞机的高度与距离就一目了然，并且能发现 *160* 公里内，高度 *5000* 米的飞机。世界上第一部雷达诞生了。

6. 罐头的发明

19 世纪初，法国街头贴出一张悬赏的布告：谁能研究出一种可以久藏远运水果和蔬菜的方法，便可得 *12000* 法郎奖金。

有个叫尼古拉·阿佩尔的年轻人，看到这张布告后，兴冲冲地买回去许多蔬菜和水果，开始了研究。开始几次实验都以失败告终，有一天晚上，尼古拉·阿佩尔看见妻子为防止剩菜变馊，又重新煮一次。于是心头一亮想出了办法。他把新鲜蔬菜放进玻璃瓶中，再用开水煮一会，趁热用软木和蜡将瓶子封口。最后放在常温下保存。两个月后，尼古拉·阿佩尔取出食物试着品尝了一口，"嗨！真好吃。"他终于成功了。

7. 谋杀的"凶器"——照相机

照相机是我们生活中的好伙伴，能帮助我们留下瞬间的美好回忆，但它的发明经历了很长时间，其中还有很有趣的故事。

18 世纪以前，无论是"小孔成像"还是"摄影暗箱"，它们虽具有照相机的某些特性，但因它们不能将图像记录下来，仍不能称为照相机。

18 世纪中期，人们发现了感光材料碘化银，这给照相机的问世

注入了有效的催化剂。人们在"摄影暗箱"上装上感光片，照相机诞生了。

初期的照相机体积庞大，十分笨重且不便携带。为了照相，就像受罚一样，要端端正正地坐好长时间，使那些养尊处优的先生小姐们要受一阵苦。

对于照相机这种新生事物，曾有一批靠画肖像画为生的画家联名上书政府要求取缔照相术。他们的理由十分简单：怕摄影师抢走他们的工作。

1858年，英国人斯开夫发明了一种手枪式胶版照相机。由于镜头的有效光圈大，所以只要扣动扳机就能拍摄。一次，维多利亚女王在宫廷内召开盛大宴会，邀请各国使节。斯开夫作为新闻记者也应邀出席了宴会。当他拿出照相机对准女王准备拍照时，蜂拥而上的警卫将他扑倒，会场顿时大乱。原来，他们以为斯开夫要用"手枪"谋杀女王。后来才知道，"凶器"原来是照相机。

之后，随着感光材料及摄影技术的进一步发展、照相机不断地得到完善。进入21世纪，数码相机又取代了感光相机，成为相机家族的新宠。

8. 空中的花朵——降落伞

降落伞大家都很熟悉，在军事、体育和民用方面都有很广泛的用途。是谁发明了它呢？这个荣誉应当归于法国的卢诺尔曼。

卢诺尔曼从小就富于幻想，常常冒出不可思议的念头。少年时，他常和小伙伴们到家附近的一座高塔上玩，在那他们度过了许多美好的时光。

"要是我能像小鸟那样，用翅膀翱翔多好！那就可以从塔顶飞到地上，用不着慢吞吞地下楼梯了。"他和小伙伴们叽叽喳喳地议论着。

长大后，那个想"飞"的梦想一直萦绕着他。于是他开始搜集资料。一次，他看到一篇小说，讲述了主人公从高层城堡越狱时，把两条被单的角系在一起，然后两手分别抓住被单的两端，利用风力的托举缓缓落地。这给了他很大的启发。

他根据这个故事所讲的，经过反复揣摩，设计出了第一顶降落伞，并决定到高塔上试降。

当天，闻讯而来的人们将高塔围得水泄不通，很多人都替他担心。为了安全起见，卢诺尔曼先把一块和他自己体重差不多的石头绑在降落伞上，然后将它们扔下。石头坠着像盛开的鲜花似的降落伞，缓缓地落在地上。

这大大地增强了卢诺尔曼的信心。他决定亲自"飞"下来。

只见他双手紧紧抓住降落伞的底绳，轻轻地纵身向塔外一跳，他真的像小鸟一样悠然地飞翔着，慢慢地安全降落在地上。

"成功了！"卢诺尔曼兴奋地大叫起来，周围的人们也齐声为他喝彩。

如今，这朵绽放在天空中的花朵越来越为人们熟悉和喜爱。

9. 吊灯的启发

伽利略是 16 世纪意大利著名的物理学家、天文学家。

有一天他在教堂做礼拜时，门外刮起一阵风，吊灯被吹得来回摆动。这个现象引起了他的注意，伽利略用右手指压着左手脉搏数了起来：一二三……一共是二十下。吊灯的摆幅越来越小了，可他再用右手的脉搏来检查时，每次摆动的时间仍然是二十下。"原来吊灯摆动确实有等时性的特点呀！"伽利略心想。

回家后，他经过反复实验发现：物体摆动一次所需的时间，与所有物体的重量无关，而跟绳子的长度有关：绳子越长，摆动一次的时间就越长；绳子越短，摆动一次的时间就短；若绳子的长度不变，那么每次摆动的时间相等。

这一规律就是"摆的等时性定律"，伽利略根据这一定律，发明了测量脉搏的"测脉计"。

10. 鲁班和锯

鲁班是我国古代优秀的工匠和发明家。有一次，鲁班被召进王宫，鲁国国君对他说："给你三年建造一座豪华的宫殿。"鲁班一听，心头一惊："三年的时间，连砍木头都来不及，怎么能造宫殿呢？"但是，国君的话就是圣旨，鲁班只好应承下来。

那时候，伐木砍树使用的都是斧头。鲁班和徒弟开始伐木，一天，刚下过雨的山上，坡陡路滑，鲁班不小心身体一滑，便急忙抓住身边野草，这时只觉得一阵刺痛，手被野草划开了一道口子，鲜血直流。

他仔细观察发现野草叶子两边长着锋利的小齿。他从中得到启发，请来铁匠仿照野草叶子的小齿形状打了一块带齿的长铁片，在一颗大树上来回拉了起来，几下子把大树锯倒了。就这样，鲁班发明了锯。

11. 伽利略发明的体温计

你们知道医院用的体温计吗？300 年前是没有的，医生只能凭经验给病人诊断。

有一天，伽利略在给学生上实验课时，一边操作一边提问："当水温升高时，试管里的水为什么会上升呢？"学生回答说："因为体积增大，水就膨胀上升。"伽利略又问："那水冷却后呢？"学生回答："体积就会缩小，试管里的水又会下降。"

这一回答，使伽利略突然想到："既然水的温度变化会引起体积的变化，那么反过来，从水的体积变化中不就可以测出温度的变化吗？"

他迫不及待地开始了自己的实验。他先用手握住试管的底部，让管内的空气逐渐变热，然后倒过来插入水中，再松开手，这时，水被吸入试管。当他重新握住试管，水又被压了下去。然后，伽利略将一支极细的试管灌上水，在排出空气后密封，并刻出刻度。世界上第一支体温计诞生了。

12．富兰克林与雷电

在很久以前，雷电一直是一大谜。有的人认为它是"上帝之火"，是天神发怒的象征。后来有科学家猜测，雷电可能是某种毒气在空中爆炸的结果。美国著名科学家本杰明·富兰克林却认为雷电不过是自然界的一种放电现象。

为了证实自己的看法，在 1752 年，他亲自做了一个吸引雷电的风筝实验。富兰克林在风筝上安了一根尖细的金属棒，然后将风筝用麻绳系住，并在麻绳末端系了一个金属钥匙，并将风筝放上天。不一会，风雨交加，当他用手指去碰金属钥匙时，出现了轻微的电火花。"啊！这就是电！"富兰克林在雨中兴奋地叫了起来。

后来，富兰克林根据凡是高耸的目标都容易招引雷电的现象，发明了避雷针。

13．听诊器的来历

若是请你给医生画像，你一定不会忘记在医生的脖子上画一副听诊器，但在 100 多年前，世界上还没有听诊器。你知道听诊器的来历吗？

1816 年法国巴黎的雷奈克医生一直想着发明一种器械，能把病人的心跳声和呼吸声直接引到耳朵里来，以便作出正确的诊断。有一天，他到公园里散步，看见两个孩子在玩跷跷板，一个把耳朵贴在跷跷板上，一个在另一头用一根针在跷板上划着，并问"听见了吗？""听见了，"另一个回答。雷奈克受到了启示，回到医院后，他找来了空心木管，并把它的两端做成喇叭形，雷奈克利用它能够听到病人的呼吸声、心跳声。

14．自行车的来历

1888 年爱尔兰医生邓洛普给儿子做了一辆自行车。可是当时自行车的轮子是木头做的，常常把儿子摔得鼻青脸肿。

一天，邓洛普拿着橡胶管在花园里浇花，由于水的流动，震得他的手心痒痒，橡胶管的这种弹性，使他一下子联想到儿子爱玩的自行车，他想："如果把橡胶管灌满水，安到自行车轮上，不就可以减轻车子的颠簸吗？"于是橡胶管制成的轮胎成为所有自行车轮、汽车轮等橡胶轮胎的雏形。

后来，人们把灌水轮胎改为弹性更大的充气轮胎。从此，自行车就成了既轻便、又灵活的交通工具，博得了人们的喜爱。

15. 贝尔发明电话

贝尔1847年出生在英国的爱丁堡市。大学毕业后，和父亲一起创办了一家聋哑人学校。

在一次电教实验中，贝尔发现了一个有趣的现象，在电流接通或断开时，螺旋线圈会发出噪音，就像莫尔斯电码"嘀哒"的声音一样。

"电可以发出声音！"思维敏捷的贝尔马上想到：如果能用电流来输送人的声音，那么，人类就能利用电流来交换语言。他的想法得到了电学专家亨利的赞同，于是和助手沃特森开始了电话发明的实验。

几天过去了，几个月过去了，两年过去了，一个个方案都被推翻了，失败的阴影笼罩在他们周围，苦苦地折磨着这两个年轻人。一天傍晚，贝尔站在窗前，锁眉沉思。忽然，从远处传来了悠扬的吉他声。那声音清脆而又深沉，美妙极了！"对了，沃特森，我们应该制作一个音箱，提高声音的灵敏度。"贝尔从吉他声中得到启迪。

于是，两人马上设计了一个制作方案。一时没有材料，他们把床板拆了。几个小时奋战之后，音箱制成了。

第二天，贝尔和沃特森正在各自的屋子里，准备又一次喊话试验。突然，话筒里传来了贝尔的声音："沃特森，快来呀！我需要你！"原来贝尔不小心把硫酸溅到腿上了，沃特森说："贝尔，我听见了！"贝尔也听到了沃特森的声音——这是有史以来的第一次电话通话。

16. 神秘的狮身人面像

在著名的埃及金字塔旁，有一个奇异的巨大石像，这个石像有着人的脸和脖子，可是身子却像一只卧着的狮子，并且它的前爪还向前伸着。这就是举世闻名的狮身人面像。

狮身人面像究竟代表什么意思呢？千百年来，众说纷纭。有人说它代表法老的威望，有人说它就是斯芬克斯。

斯芬克斯是什么呢？传说，在很久很久以前，有一个怪物名叫斯芬克斯。斯芬克斯长着狮身人面，它守在一个路口，每当有行人经过时，它就拦住行人，问道："请你告诉我，什么动物早晨用四条腿走路，中午却用两条腿走路，到晚上用三条腿走路？"

路人回答不出，就被斯芬克斯吃掉了。就这样，斯芬克斯吃掉了好些路人。

一天，一个叫狄浦斯的人经过这里，斯芬克斯问了他同样的问题。狄浦斯答道："是人。人的一生就像一天那样短暂。早上，是人的童年，他刚出生，只会爬，所以是四条腿走路；中午，是人的成年，他直起身，用两条腿走路；晚上，是人的老年，他必须拄拐杖，所以是用三条腿走路。"

斯芬克斯见俄狄浦斯答对了，气得发狂，跳入悬崖摔死了。

17. 墨西哥的金字塔

在很久很久以前，地球上那个普照万物、给人类带来光明的太阳突然熄灭了，地球陷入了黑暗之中。许多神聚在一起开了一次讨论会。一个神说："没有太阳，天地太可怕了。咱们要想个办法，让光明重新出现。"

最富有的富神说："我愿意投身到火中，把自己变成发光的星球，普照大地。"

最贫穷的穷神也庄重地说："我也愿意这样做。"于是，众神点起一堆熊熊燃烧的大火，穷神勇敢地、毫不犹豫地跳进火中。穷神消失了，可一轮太阳却从东边升了起来。穷神变成了光芒万丈的太阳。

富神面对大火时，有些犹豫，他皱着眉头徘徊了许久，等大火快熄时，富神才跳了进去。富神消失后，一轮光线暗淡的月亮升上了天空。

人类为了怀念和祭奠伟大的穷神，便修建了一座太阳金字塔；同时，也修建了一座小一些的月亮金字塔。它们都矗立在墨西哥。

太阳金字塔有 63 米高，塔顶是一座光彩辉煌的大庙。庙里是太阳神像，它面向东方，身上缀满了金子和银子。当太阳光照在神像上时，神像就放出耀眼的光辉。

月亮金字塔仿照太阳金字塔的造型，只是要小些。它们都是举世闻名的伟大建筑。

18. 植物寄生虫——大花王

人们把寄生在人肚子中的蛔虫等叫寄生虫，人们也用寄生虫来比喻那些剥削别人，不劳而获的坏家伙。在植物界中，也有被称为寄生虫的家伙，其中最著名的要数大花王了。

大花王，又名大王花，它是生活在热带雨林中的一种植物。大花王是一种非常奇特的植物。从外观上看，它不像别的植物那样有根、茎、叶，大花王只有一朵花。这朵花是由一粒米粒般大小的种子发育起来的。

大花王的种子落在某种植物上，只要几天时间，就发育成一朵硕大无比的花朵。花朵由 5 个花瓣组成，每个花瓣长约 30 厘米，厚约 5 厘米，花朵张开时，直径约有 1 米。最大的一朵大花王有 14 千克重，难怪被称为花中之王了。

大花王的花是鲜艳的红色，散发着浓郁的、奇特的臭味，它依靠这种臭味吸引大批逐臭的昆虫传播花粉，繁衍后代。

那么大花王没有根、茎、叶等器官，它靠什么吸取养料呢？原来，大花王自身无法生存，它长着许多菌丝，大花王就靠这些菌丝从周围的植物中吸取养料，供给自己使用。

大花王完全依赖于别的植物而生存，难怪人们会称它为"植物寄生虫"呢！

19. 报时泉之谜

想知道时间的话，就去看钟表，这是生活中的一般常识。但有的地方看喷泉就可以。

在南美洲乌拉圭的南格罗湖畔，有一眼泉水被称为"三餐泉"。这是为什么呢？这是因为这眼间歇泉每天只喷射三次。第一次在早上七点，是当地人吃早餐的时间。第二次是在中午十二点，这是当地人享受午餐的时间。第三次是在晚上七点，这又是晚餐的时间了。所以，这眼泉水一喷，人们就知道该吃饭了。

在美国的黄石国家公园有一个世界闻名的间歇泉——老实泉。它每隔 66 分钟喷发一次，每次连续喷发 2－5 分钟。400 多年，这些规律丝毫没变。

20. 人类失踪之谜

人们都知道在大西洋中的百慕大海区经常出现船只或飞机的神秘消失事件。这些事件不仅使人消失了，而且伴随着人所乘坐的飞机或船只的丢失。下面说的是一种只有人神秘消失的怪现象。

1968 年，一位叫杰拉尔德·波达的乘客在飞机上神秘消失。1915 年 12 月，800 名英国士兵在进入一团云雾中之后全部失踪。这些是"永久性失踪"。地球上还发现过一些"短期性失踪"的案例。1968 年 5 月，一对夫妇开车行驶在阿根廷首都布宜诺斯艾利斯的公路上。当他们驶入一团云雾后失去了知觉，而在 2 天后，当他们苏醒后发现，他们在 6500 公里之外的墨西哥。

21．人体自燃之谜

人体自燃这个词对小朋友们来说可能很陌生，但它并不难理解。它是指人的身体在未与外界火种相接触的情况下自动着火燃烧的奇异现象。听起来有些不可能，但确有其事。

1673 年，有一位巴黎妇女被人发现死在了自己的床上。当人们发现她的时候，只有头部和手指留了下来。其余部分都已烧成灰烬。据科学家说，要让人体的骨骼和组织全部烧毁，就必须在华氏 3000度以上的温度下才行。但是在所有人体自燃的案例中，所有被烧者周围的椅子、地毯等东西都丝毫无损，看不出一点被烧过的迹象。

有人认为静电火花引起人体脂肪燃烧导致了人体自燃，而有人认为是磷的自燃引起的。总之，人们的猜测不断地出现，但真正原因还是个谜。

22．怪雨

在我国史书中，记载着这样一件事：公元 55 年的一天，陈留郡（现在河南省开封市陈留镇）一带乌云密布，进而又狂风大作，接着就降落下了大量的谷子。无知的老百姓认为，谷雨是龙王爷对他们的施舍。

科学家王充却站出来说，这是因为旋风卷起谷子，然后又随雨降了下来。

十九世纪末，在法国南部的土伦，一天下午突然下起了"青蛙雨"，一只只的青蛙从天而降，引得人们纷纷跑到屋外看热闹。谁知青蛙的个头虽小，但从高处落下后，它们的力量却很大，好多人被打得鼻青脸肿，叫苦不迭。

1856年的一天，美国肯塔基州上空洒下了成千上万枚纺织毛线用的金属针，满天飞舞，颇为壮观。1940年，在俄罗斯的一个小村庄，突然降下了几千枚银币，全是伊凡五世时期的货币。1970年，在澳大利亚北部山区，大约有15000多条鲈鱼随着暴雨一起落下，形成了一场罕见的"鱼雨"。

像这样奇怪的雨还有很多，过去人们很迷信，以为是上天的恩赐。其实，这不过是旋风或龙卷风在作怪。"青蛙雨"是龙卷风把一大群青蛙卷上了天，然后抛了下来。"金属针雨"是龙卷风把一家工厂摧毁，龙卷风把针带上天空，针又随雨纷纷落下。银币原来就是在不远处的一座古代贵族的坟墓里，后来地面被侵蚀，风雨冲走了泥土，龙卷风把银币卷向天空，再同雨一起落下。

23．十万烟柱谷

在美国的阿拉斯加州，有一个叫"十万烟柱谷"的地方，号称"天下第一奇观"。

1912年6月6日，这里的卡特迈火山发生大爆发，巨大的爆发声在千里之外都能听得见。在这次火山爆发中，爆发总喷出物290亿立方米，使周围100多公里的天空变得一片漆黑。火山爆发一直持续了将近3天。4年后，一个科学考察队来到卡特迈火山。火山虽然几年前就停止了喷发，但山顶上依然是烟雾缭绕，热气腾腾。火山口的周围布满了裂缝，"滋滋"地往外冒着浓烟。裂缝口的温度非常高，考察队员试着把铁锅放在上面，没过多久，锅里面的牛肉块就烤熟了。

在距离卡特迈火山 10 多公里的地方。有一条山谷，长 16 公里，宽 8 公里。在火山爆发前，这里曾经林木茂盛，但现在植物已经全部枯死了，整个谷里覆盖着一层厚厚的火山灰。穿过火山灰，有成千上万个喷气孔，大量的炽热气体从地下喷出来。有的像挺拔的气柱，有的像劲气十足的喷泉，直冲几百米的高空。在阳光的照耀下，这些喷出的气柱像一条条色彩缤纷的彩虹，壮丽宏伟。如今，山谷中只剩下十几个喷气孔还在炫耀着它辉煌的过去。

24. 增高身材岛

在位于加勒比海东部的西印度群岛中，有一个叫马提尼克的小岛。

这是个美丽的小岛，经常有旅游者到这里来游玩。人们发现，当地居民身材修长，体格健壮，身高都在 180 厘米以上。篮球是他们最喜爱的运动。最神奇的是，外地人在这里住得时间长了，也会长得比较高大。即使身体早已停止生长的成年人，也会多多少少地长高几厘米。于是，这座岛又有了一个称呼，叫"能使人长高的岛"。

自从有了这个发现后，马提尼克岛吸引了更多的旅游者前往，当然，其中很大一部分是来自世界各地的矮个子。矮个子们在岛上住上一段时间，就会如愿以偿地长高几厘米，马提尼克岛真成了"矮子的乐园"。

马提尼克岛为什么有这种能使人长高的"魔力"呢？这引起了科学家们的好奇。经过研究发现，在这座岛的岩石层中，含有一种特殊的放射性物质，可以使人体机能发生变化。这种物质的放射量不是很强，对人体构不成伤害，却能使人体内部的新陈代谢发生一系列变化，从而促进身体长高。

25. 死亡谷

在美国加利福尼亚州与内华达州相连的山中，有一个令人恐惧的"死亡谷"。1849 年，一支金矿勘察队迷失了方向，误入了一个不知名的山谷，导致多数人葬身在那里。有几名幸存者从山谷中逃了出来，但没过多久就不明不白地死去了。从那以后，曾有几批探险者前去，想要探索出其中的奥秘，但也都有去无回。令人不解的是，这个魔鬼般的"死亡谷"却是动物们的乐园，在哪里生活着许多鸟类、蛇类和蜥蜴，甚至还有一批批成群的野驴。动物们可以在这里随意进出，逍遥自在。

在意大利的那不勒斯附近，也有一个奇异的死亡谷。它刚好与前面所讲的那个美国死亡谷相反，只伤害动物，对人却毫无伤害。意大利人把它称为"动物的墓地"。

更奇异的死亡谷在印度尼西亚的爪哇岛上。这个山谷中有 6 个大山洞，个个都是"魔洞"。每当人或动物从洞口经过时，就会被一种无形的巨大吸引力所控制。一旦被吸入洞中，就无法逃脱死亡的厄运。科学家利用遥控的仪器进入山谷中，发现谷中堆满了死去的动物和人的尸骨，非常恐怖。但他们并没有发现巨大的吸引力来自何处。

26. 海底喷泉

喷泉是地下水涌出地面而形成的。一般情况下，喷泉只分布在陆地，但奇怪的是，在海边、海底也有泉眼，泉水从那里喷出来。

俄罗斯的一艘考察船在黑海的海面上发现了一个奇特的喷泉，被命名为"甘吉亚带海泉"。它每秒喷出大约 300 公升的淡水，由于水压高，泉水冲过海水层，直接穿破了海面。远远看去，泉水在蓝色的海面上翻滚，就像烧开的水一样。考察队员用芦苇秆插进泛着白色泡沫的水里吮吸，他吸到的泉水凉爽清甜。

美国佛罗里达半岛以东，在离海岸不远的大西洋里，有一片海水是可以饮用的，过往的船只常常来这里补充淡水。这片海水直径有 30 米，颜色、温度，连波浪都与周围的海域不同。这是为什么呢？原来，这里的海底是个小盆地，盆地中间有个喷泉，每日喷泉不停地喷出一股股淡水。在水流的影响下，淡水从泉眼斜着升到海面上。根据测量，这个海底喷泉每秒喷出的泉水有 4 立方米，比陆地上任何一个喷泉的喷水量都要大。泉水不断地喷，与周围的海水隔绝开来。久而久之，这片海水变成了一个纯粹的淡水区域。

27. 喷冰的火山

冰岛靠近北极圈，有大约 1/8 的田地一年四季被冰川所覆盖。冰岛又是一个多火山的国家，全岛有大大小小的火山 200 - 300 座，其中 40 - 50 座至今还在活动。

1984 年 10 月，冰岛南部的格里斯维特火山爆发了。但人们发现，它所喷出的不是炽热的熔岩、火山灰、蒸汽，而是巨大的冰块！这一现象持续了整整两个星期的时间，在喷射最剧烈的时候，每秒钟可喷射出 2000 立方米的白色冰块。结果火山爆发还没有结束便在火山口周围覆盖了厚厚的一层冰。

常言道："水火不相容"，那么火山为什么会喷射出冰块呢？

原来，冰岛是地球上火山活动频繁的地区，岩浆经常沿着地壳的裂缝活动。它们有的冲出地面，形成火山爆发；有的在半途中冷却凝结，不流出地面，使一些被岩浆阻塞的火山口和地下裂缝中也充塞着冰川。当格里斯维特火山爆发时，首先岩浆将积聚在火山口的冰块喷出。由于冰岛的火山活动虽然频繁，却比较"温和"，火山喷出的气体接二连三地冲向空中，把来不及融化的冰块抛向地面，便形成了火山喷冰的一大奇观。

28. "哥德巴赫猜想"

1742年6月7日，德国数学家哥德巴赫在给大数学家欧拉的信中，提出了这样一个猜想："任何大于5的整数都是三个质数之和。"同年6月30日，欧拉在回信中确定了哥德巴赫猜想的正确性，并进而提出了"任何大于2的偶数都是两个质数之和"的猜想，但当时他们却无法证明它。

这两个问题引起了数学界的极大兴趣，这就是著名的"哥德巴赫猜想"。从此，展开了哥德巴赫猜想艰难的证明历程。

由于哥德巴赫猜想长期得不到证明，在1912年的第五届国际数学家大会上，又提出了一个较弱的猜想：存在着正数C，使每个大于或等于2的整数都可以表示为不超过C个素数之和。

1930年，前苏联25岁的数学家西涅日尔曼证明了这一猜想，并且估算出C不超过S，$S \leq 800000$，S就是西涅日尔曼常数。这是哥德巴赫猜想研究中的一次大突破。

1937年，前苏联著名数学家伊·维诺格拉多夫用"圆法"和他自己创造的"三角和法"证明了：充分大的奇数，都可以表示为三个奇素数之和。这是迄今为止在解决哥德巴赫猜想上最大的突破，被称为"三素数定理"。

在哥德巴赫猜想的证明过程中，还提出过这么一个命题：每一个充分大的偶数，都可以表示为素因子不超过 m 个与素因子不超过 n 个的两个数之和。这个命题简记为"m + n"。例如要证明"2 + 3"就是要证明任何充分大的偶数，都能表示为一个不超过两个素数的乘积与一个不超过 3 个素数的乘积之和。显然"1 + 1"正是哥德巴赫猜想的基础命题，"三素数定理"只是它的一个重要推论。

1920 年，挪威数学家布朗改进"筛法"，证明了"9 + 9"，德国数学家拉代马哈于 1924 年证明了"7 + 7"，英国数学家埃斯特曼于 1932 年证明了"6 + 6"，前苏联数学家布赫夕太勃于 1938 年和 1940 年分别证明了"5 + 5"和"4 + 4"。

1956 年，我国数学家王元证明了"3 + 4"，前苏联数学家阿·维诺格拉多夫证明了"3 + 3"。

1957 年，王元又证明了"2 + 3"。

最早在相加的两个数中有"1"的是 1848 年匈牙利数学家瑞尼证明的"1 + C"，其中 C 是一个很大的常数。1962 年，我国数学家潘承洞证明了"1 + 5"，同年，前苏联数学家巴尔巴恩也证明了"1 + 5"。1963 年，王元、潘承洞、巴尔巴恩都分别证明了"1 + 4"。1964 年，阿·维诺格拉多夫、布赫夕塔布以及意大利数学家朋比尼又证明了"1 + 3"。

1966 年，我国数学家陈景润对"筛法"作了新的重要改进后，证明了"1"，由于未发表详细的证明在国际上影响不大。1973 年，陈景润发表了他修订过的论文，证明了任何一个充分大的偶数，都可以表示成为两个数之和，其中一个是素数，另一个或者是素数，或者是两个素数的乘积。这篇论文立即在全世界的数学界引起了强烈的反响，陈景润的证明结果被称为"陈氏定理"，是迄今为止哥德巴赫猜想证明的世界最高记录。不少数学家还致力于简化这个定理的证明，最简化的证明是我国数学家王元、丁夏畦和潘承洞共同作出的。

哥德巴赫猜想是数论中的一个重要猜想，从提出到现在已经有 250 多年，虽然还没有得到最终证明，还没有成为定理，但经过近 70 年来各国数学家的不懈努力，已经取得了巨大的进展，正在向"1 + 1"进军。

29. 棋局里的暗示

一个万里无云、阳光明媚的日子，私人侦探阿良在公寓的侦探事务所里一个人悠闲地看着棋谱。下午两点左右，十文字悦子突然来访。她是某推理杂志的编辑，她虽然个子不高，但气质很好，颇有魅力。阿良因经常应邀为这家杂志撰写随笔，所以与她很熟。

"我本来是到舟木先生那儿去约稿的，正赶上他有客人，告诉我过半小时后再去，所以我就跑到您这儿来消磨时间了，多有打扰，您不见怪吧？"悦子客气地说道。

"哪里，哪里，要是你来随时都欢迎，你看我正闲得无聊……"阿良热情地将她请进屋里。

舟木先生是住在这所公寓 9 层的一位推理作家。此人 30 岁出头，一直未婚，同阿良是棋友。

"你说的来客，是不是一位女性？"阿良开玩笑地说。"不，好像是一个男的。因为我见门口摆着男人的鞋。"她说。

阿良取来咖啡壶，煮咖啡给她。

她见桌子上放着棋盘，便说："阿良，不同我下一盘吗？让我见识见识你的棋艺。"

"你也会下棋？"

"哈哈，下下你就知道喽。"悦子边说边动手摆棋子。

最后还是阿良赢了，但悦子的棋确实下得不错。

"对不起，我去去就来。"阿良起身去厕所了。

解完手，放水冲时，阿良突然听到电话铃声。悦子就去接电话了。

"是的，这里是阿良侦探社。噢，是舟木先生……是我，嗯，我刚和阿良下完棋……好的，明白了，那好，到时候再……"阿良只听到她接电话时的答话声。

当阿良洗过手走出厕所时，十文字悦子已经放下电话，在收拾棋子。

"刚才的电话是舟木先生打来的吗？"

"是的。他让我再等 20 分钟。"

"那么说，他知道你在我这里。"

"我事先告诉他我有可能在你这里等他的。"

"怪不得……那么，我再给你倒杯咖啡吧。"阿良又将咖啡壶端去热了一下，给她倒了一杯。

"阿良，我去舟木先生那儿时，您陪我一块儿去好吗？"她一边喝着咖啡，一边隔着杯子看着阿良的脸。

"怎么，这是为什么？"

"舟木先生也喜欢下棋吧。我每次去约稿或是去取稿的时候，他总是让我跟他下。而且也不知他是开玩笑还是出于真心，总说要追求我，弄得我很为难。所以，要是有您在身旁就好办了。"

"让我当你的保镖啊。"

"拜托您了。"她深深地鞠了一躬，态度坦诚。

阿良虽然不大情愿，但又不好拒绝。

20 分钟后，两个人乘电梯上到 9 楼。按响了 905 号房间的门铃，却无回音。

"真怪，难道没人？"悦子拧了一下门把手。

"哎，门没锁呀。"她推开门说。

"舟木先生在家吗？我是十文字，打扰您了。"说着她便走进屋。

这是一套三居室的房子。阿良也随着她进了屋。当他们走进有几个榻榻米大的房间时，不禁大吃一惊。舟木荣治好像是在和客人下棋似的，他坐在有靠背的座椅上，头伏在象棋盘上已经无生命迹象了。旁边丢着一个可乐空瓶。他好像是被人用这个瓶子击中了头部。

棋盘周围的棋子乱七八糟被丢得到处都是，对面的位置上只有一个坐垫，而没见可乐瓶。

"舟木先生是在下棋时，被对手杀害的。他只专心下棋了，没注意到对手的举动。"悦子倒不害怕。

"你是说坐在这边坐垫上的人就是凶手。这个凶器可乐瓶是舟木先生拿给客人的喽。"

"不管怎么说，他被杀还不到 20 分钟，刚才舟木先生还给我打过电话，正好是 20 分钟之前，听他的口气当时似乎有客人。"

"噢，是我去厕所时来的电话吧？这么说，那个时候，凶手还在这个房间里。哎，他右手里好像攥着什么。"

阿良发现被害人右手紧紧握着，掰开手指一看是个象棋子——"飞车"。

"这是什么意思呢？"悦子不解其意。

"也许是暗示凶手的名字。"

"那么说舟木先生是在断气之前，从很多棋子中选了这个'飞车'作为凶手的线索。"

"的的确确像个推理作家临终的样子。"

"那么，'飞车'有什么含义吗？"她歪着头思忖着。

"你知道舟木的什么情况吗？譬如，恨他的人啦，或者……。

"是呀，单身的舟木先生格外怕寂寞，所以就连他的私生活都毫不隐讳地告诉了我。我知道的就有两个人：一个是先生的叔父。舟木先生告诉我，为了土地所有权问题叔父正同他闹纠纷。"

"另外一个人呢？"

"另一个是他大学时代的上届同学，电影导演井上龙夫。他在制作艺术片时，向舟木先生借了很多钱，但那部片子失败了，似乎正为此而犯愁。肯定是借的那笔钱无法偿还了。"

"那么，就查查这两个人看吧，这之前，不管怎么说，还是先报警吧。"阿良用隔壁书房的电话通知了报警台。

回答完现场勘查刑警的询问后，阿良马上开始了私下调查。

电影导演井上龙夫的工作室离家很近，步行只需几分钟，工作室是在公寓的 6 楼。他似乎还不知道舟木被杀的事。当他从阿良嘴里得知这一消息后，顿时板起面孔。

"反正我觉得他是不会有好结果的！"他冷淡地说道。

"这是为什么？"

"你没听说他一个劲儿地追求来取稿的女编辑吗？所以，你们从那方面查一下怎么样，怀疑我纯粹是找错了门儿。"

"你不是拍艺术片破产了，而借舟木先生的很多钱还没有还吗？"阿良又进一步逼问道。

"那不是借钱，是出资！公司就算倒闭也没必要偿还。此事在他出资前也是讲清楚了的。"井上面带怒容地回答说。

"那么，今天下午 3 点钟左右，你在什么地方，在做什么？"

"你是问我不在现场的证明吗？今天从 3 点到 5 点，我就在这个工作室，看我导演的电视剧。"

"谁能证明呢？"

"不巧，这里是连老婆和孩子也不能进的工作场所，没有证人。"井上回答着，并从厨房的冰箱里取来罐装啤酒。

"喝吗？冰镇的。"

"不想喝啤酒，倒是想喝可乐。"阿良故意暗示了凶器可乐瓶，观察对方的反应。

"可乐……那种小孩子喝的饮料，我这儿是没有的。"井上表情冷淡地说。

"那就算了吧。您会下象棋吗？"

"小时候倒会，可学会了麻将后，就再不下象棋了。"

"被害人死时手里攥着棋子'飞车'，我想他大概是想说明凶手的线索。"

"这同我有什么关系？"

"棋子'飞车'背后写有'龙王'或'龙'，你的名字不是龙夫吗？"

"因此，你就说我是凶手喽。哼！真是愚蠢透顶。就是靠这种幼稚可笑的推理，还当什么私人侦探。"井上龙夫一边喝着啤酒一边嘲笑着说。

阿良走访的下一个人是舟木的叔父飞田银造。说是叔父，其实二人的年龄只差 10 岁左右。他是个鳏夫，在一家高级公寓当看门人。阿良在舟木荣治的房间里曾见过他一面。

他听到侄子的死讯后也是紧绷着脸。转而，又流露出无法掩饰的喜悦。

"这下，那块地就完全归我喽。"

"你是出于这个目的而杀了他吧？"

"哪里话，这是他的报应。尽管他对我这个叔叔大逆不道，扬言要到法院告我，但看在他是我侄子的份儿上……"

"究竟有多少土地？"

"面积不过 330 平方米，可那地方每坪值 30000 万日元。"

"那就是 3 亿日元，可见你杀人动机是充分的。"

"怀疑我？还是少在我身上费心思吧。反正是那个家伙自己的事，无非是因女人的事被杀的吧，还是用点儿功夫在这方面去调查调查吧。"飞田刻薄地要下逐客令了。

"那么，今天下午 3 点钟左右你在哪里？"

"3 点钟，我正在这个管理室睡觉呢，好像感冒了。吃了感冒药有些发困，就那么迷迷糊糊地睡着了。"

"从这里到案发现场开车单程只需 30 分钟吧？"

"也许吧。不巧，我不会开车。"他讪笑着。

"那么，你会下象棋吗？"

"这个吗，我还是业余初段的高手呢，不像荣治那样是个臭棋篓子。小时候，那家伙的象棋还是我教他下的呢。"

"实际上，他死时手里还攥着一个'飞车'棋子呢。"

"什么？'飞车'……"

"是的，说不定这也许是要暗示你的名字飞田……"

"喂，喂，你不要威胁我！要是'飞车'和'银将'两个都攥着的话，那么我的名字连名带姓都全了。不要只见一个'飞车'就认为我是凶手。你不是说荣治被打中头部死的吗？要是那种死法，怎么可能还来得及留下临终遗言呢。"飞田银造好像是个推理小说爱好者，连临终遗言这样的专业术语都知道。说起来他桌子上还真摆着几本推理小说，那都是些翻译过来的小说。

"即使被害人的头部遭到猛击，也不一定会立即死亡，也有被打之后一段时间神志还清醒的。"

"那也许是偶然抓了'飞车'，在考虑走下一步时被杀的。"

"是的，有这个可能性。"

"今晚又要熬夜了，不得不去帮着安排葬礼……"飞田看了一眼墙上的挂钟，发现钟已经停了。

"哎，是电池没电了吧！打电话问问正确的报时吧。"他拿起桌子上的电话，拨了314三位号码。

"见鬼，号码拨错了。"飞田咂了一下嘴便把听筒放下了。

"报时是117吧。"

阿良告诉了他，这时电话铃响了。飞田吓了一跳，不由自主地抓起了电话。

"真怪，马上又断了，是打电话恶作剧的。"

嘟囔了几句后他又重新拨了117，知道了正确的时间。

阿良目不转睛地看着他，突然想到了什么，遂说声："对不起，打扰您了。"便悄悄地退了出来。此时此刻他已经知道谁是凶手了。

晚上阿良请十文字悦子来到他的公寓。

"悦子，下盘棋好吗？"

"你叫我来就是为了下棋吗？"悦子笑盈盈地问道。

"顺便和你聊一聊嘛。"

阿良摆上了棋子。

下了一阵后，悦子忽然笑道："阿良，你犯什么糊涂？飞车只能纵横走。"

"是划十字吗？"

"没错！"

"唔，是十字。"阿良盯着悦子的脸说道。

"啊。"十文字悦子忽然变得惊慌失措。

"唉，我真想不到你会干这种事。"阿良惋惜地说道。

"你怎么会想是我？"悦子的声音有些变调。

"首先，舟木先生为来客准备了一个坐垫，这说明来客辈分要比主人低，而井上龙夫是舟木的大学时代的前辈，飞田银造又是叔父。舟木是不会让他们中任何一个人坐坐垫的，所以他们二人是清白的。"阿良尽量平静地说道。

"你在来我这之前，已经杀了舟木。趁我上厕所的时候，你拨打了314，而且放下电话后会马上被打回来，你想借此来隐瞒舟木被杀的时间。"阿良的语调有些发颤。

"而最关键的是舟木手中的飞车，只能十字移动，这是暗示你——十文字悦子是杀人凶手。我说得对吗？"说到这，阿良觉得一阵心痛，他在为一个好朋友惋惜。

十文字悦子脸色苍白，她静静地对阿良说："阿良，你能陪我去自首吗？"

阿良有点艰难地点了一下头。

30. 握在死者手里的点心

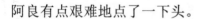

法国数学家罗伯今年已经40多岁了，却一直过着单身贵族的生活。在念完博士后，他就一直致力于数学方面的研究，以至无暇顾及个人生活。

有一天，他参加了一个数学成果颁奖大会，他的一项研究获得大奖，光奖金就一万法郎。

罗伯揣着钱兴冲冲地赶回了公寓，这些钱够他生活很长时间了。罗伯掏出钥匙，刚准备开门，就听见身后有轻微的脚步声。罗伯回头瞅瞅，却没有一个人影。罗伯笑了笑，自言自语道，"人要是有了钱，就喜欢疑神疑鬼。"

进了房间，把钱放进保险柜，罗伯倒了杯香槟，慢慢品味着成功之后的喜悦。

这时，门铃响了。进来的是公寓的看门人。

他一见罗伯，便高高举起手中的一盒点心，说："亲爱的数学家，祝贺你拿了奖，这盒点心是我祝贺的礼物！"

罗伯接过点心，道了谢，看门人便告辞回楼下值班室去了。

当天晚饭后，看门人打着手电，按惯例开始了对公寓的巡视。他叼着烟，来到二楼，见到214号房间——罗伯的处所房门虚掩，他便想偷偷溜进去跟罗伯开个玩笑。

他刚走到门口，竟吓得目瞪口呆，半天也讲不出一句话。

罗伯先生躺在地上，已经没有了生命迹象。看门人吓得魂飞魄散，跌跌撞撞赶回值班室，向警方报了案。

警方在勘察了现场后觉得这件凶杀案十分令人头痛，现场没有任何线索，而罗伯的房间好像也没有丢失过什么。

正在他们查找线索时，门外传来了一阵嘈杂声。一个身穿黑色礼服的中年人竭力挤开拦堵他的警察大声喊着："罗伯怎么啦！他怎么啦！"

原来这个人是罗伯最要好的朋友，数学家洛西，他碰巧路过此地，便上楼来瞧瞧。

他一见罗伯躺在血泊中，便忍不住抽泣起来，他紧紧握住警长的手，沉痛地说："警长，你无论如何要抓到凶手，你知道吗，罗伯的死给法国的数学界带来多大的损失！"

警长叹了口气，拍了拍洛西的肩膀。

洛西很自觉地站到门外，他托着下巴，悲伤地凝视着倒在血泊中的罗伯。他觉得罗伯的眼睛似乎有什么话要告诉他。顺着罗伯的胳膊望去，洛西发现罗伯手里紧紧捏着一块点心，点心的一部分都被捏成了粉末。

警察们处理完现场，洛西也回家了，接连几天，他一直沉寂于悲痛中。他最后决定去警察局询问案情的进展。

警长热情地接待了洛西，并告诉他凶手抢走了那一万法郎，这是一起杀人谋财案，可现在却没有任何线索。临走前，洛西找警长要了一张罗伯被杀现场的照片。

瞅着照片，洛西想到了一些疑点。罗伯为何死死攥住那一块点心？点心又代表着什么呢？洛西苦苦思索了好几天，蓦地一个念头闪过了他的脑际。在英语中，点心叫"pie"，而在希腊语中与 pie 同音的 π 就是圆周率，圆周率约等于 3.14。难道这是罗伯的暗示吗？不管如何，必须先去查查。

洛西连午饭也没吃，就直奔罗伯住的公寓。看门人对洛西说："唉，罗伯真是个好人，可……警察怎么还捉不到凶手？"

洛西打断了他的话题，问起了 314 号房间客人的情况。

"那个人呀，我真后悔让他住进来，他除了喝酒，就是赌博！"

"他还住在这儿吗？"

"不，罗伯先生被害的第二天他就搬走啦！"

洛西把他的疑问告诉了警方。警长认为这个想法太离奇。但由于罗伯的知名程度，还是决定查一查。

很快，警方抓到了凶犯塞斯。塞斯一见警察，吓得腿肚子直发抖，连声说："我讲我讲，我什么都告诉你们，我并不打算杀害罗伯，可他认出了我！"

原来，那天塞斯赌博输光了钱，连晚饭都没了着落。路过街口的商店时，他看见橱窗里彩电正播放数学大奖的颁奖仪式。获奖的那个人如此面熟，好像在什么地方见过。

塞斯凝神细想："对了。"他一拍脑瓜，"他就住在我的楼上，是个单身汉！"

为了钱，塞斯决定铤而走险。

事发当天，塞斯用匕首威胁罗伯，低声喝："把钱交出来！"

罗伯却说："你不是住在我楼下的邻居吗？"

塞斯愣了，他原以为公寓内有400人，而自己又刚搬来没半个月，没人认识他。但他的如意算盘打错了。因此他只好来了个一不做，二不休，杀了罗伯。

讲完这一切，塞斯抱着头，说："我不想杀人，可他认出了我，我没有办法……"

31．长江洪水：有多少问题需要解决

4月3日，刚刚在北京参加完"气候变化国际科学讨论会"的施雅风院士匆匆返回了南京，因为一项题为"气候变化与长江洪水"的讨论会正在等着施雅风院士。参加这次研讨会的近90人当中，有来自中、德等国的科学家，有水利部门的官员、技术人员。如果仔细观察就会发现，中方来宾的单位驻地几乎全部在长江两岸。

科学家们各自介绍预测模式、各种平台或者科研成果时都是侃侃而谈，但面对"未来5—10年，长江流域将发生多少次、多大规模的洪水"这个问题时，他们认为科学在这个问题上面临的很多困难，总之，现在给不出答案。

此外，还有许多问题困扰着科学家们：为什么在整个流域增暖增湿的状况下，四川却在逐渐的变冷、变干？为什么有记录以来的最大洪水却发生在比较冷的时期？为什么极端旱涝灾害发生在同一地区？

但是，大多数科学家可以肯定地说，未来5—10年内，长江流域将进入一个显著的增暖增湿的过程。至于增温的强度，科学家们的意见比较一致，到 2050 年，温度上升 2℃ 左右，而降水量的预测范围则比较大，在 10%～ 30% 之间。

面对这样肯定的答案时，解决一切尚难说清的问题就变得更加急迫。面对长江洪水，人们有多少问题需要解决？

1．洪水预测：不确定性太多

在河海大学的陈喜教授看来，洪水预测的不确定性是由一系列的"不确定"决定的。

首先是观测资料的限制。全球观测资料存在两个问题，一是空间上密度不够，二是时间比较短。气候变化是一个长期的过程，而资料的匮乏使得模式的建立与检验都比较困难。

其次，气候模式本身的精确度不够，而它的精确度又取决于很多方面。目前的计算机在研究全球问题时速度还不够；全球气候模式又很复杂，计算机在计算时必须进行简化，因此也会造成误差；现有模式更多地考虑二氧化碳增加对未来气候变化的影响，然而其他工业气体的排放也会造成相应的影响；水量在气候模式当中也很简化，但它无疑是影响气候变化的重要因素。

最后，降水量作为气候模式的输出结果，进入水文模式进行洪水预测。水文模式也同样存在计算能力及资料等问题，再加上陆地空间变化非常大，地表状况复杂，以及降雨的许多偶然性，洪水预测的不确定性也就可想而知了。

关于气候变化和洪水的研究何时才能成熟呢？陈喜表示，这是一个长期的过程，研究资料的积累，研究水平的提高，这些都需要时间。

陈喜所讲的资料问题，已经成为科学家们面临的一个"公共性"问题。此外，由于长江流域各地区洪水原因存在差异，更增加了洪水预测的不确定性。

2. 上游来水：冰川、降水各不相同

受上游来水量减少等因素影响，去年冬天长江部分河段出现了有水文记录以来的最低水位，长江沙市水位降至 *30.02* 米。这样的特枯水位一直持续到 *2* 月下旬，造成部分水道断航。

然而，如果把这次"特枯"事件放到一个比较长的时间角度来看，也许会找出它的"必然性"。国家气候中心任国玉研究员对 *1950* 年以来我国的降水和温度变化情况进行了分析，结果表明，四川盆地及其西北一带降水量呈减少趋势，在总降水量减少的地区，暴雨日数也减少，而且温度也逐渐降低。

降水量为什么减少？是由于年代际变化导致转干，还是由于西南季风减弱，科学家们显然还没有确切的答案。

中国科学院寒旱所的何元庆研究员认为，"长江上游来水量减少是由于西南季风减弱"的想法很模糊，因为西南季风实际有两个分支，一支来自于印度洋的阿拉伯海，主要影响我国的青藏高原；一支则来自于孟加拉湾，主要影响我国西南地区。

何元庆认为，长江上游降水有很大的不确定性。除了地形差别显著，大气环流形势十分复杂。除了西南季风的两个分支，东南季风也会影响到四川地区，冬季还会受到西风环流的一些影响。季风强度在上游有些地区有所减弱，有些地区反而增强，正是由于这种区域性差异，大气降水变化在长江上游很不均匀，有些地区降水量增加，有些地区降水量减少。

与降水不同的是，随着气温的普遍上升，长江上游的很多冰川都呈现出融化趋势，而且这种趋势还将继续。何元庆说，冰川融水是长江上游很重要的补给，冰川变化对整个长江流量有着重要的影响。

3. 梅雨：年年相遇的"陌生雨"

每年 *6*、*7* 月间，梅子熟了的时候，长江中下游和淮河地区都会出现持续阴雨天气，这就是人们通常所说的"梅雨"。它只是东南季风影响我国的一种天气现象。不过，拥有优雅名字的梅雨，正是造成某些年份长江中下游洪水的元凶。

"洪水不完全决定于降雨量，它还和雨带走向有关。"复旦大学的满志敏教授说，"如果主要的降雨区随洪峰下行，那么洪峰就会越来越大，造成严重的洪涝灾害。"

1954年、1991年、1998年的大洪水都与梅雨期有着密切的关系。正常情况下，梅雨期长约20～30天左右，6月中（下）旬开始，7月上（中）旬结束。而上述大洪水发生时，梅雨期都在两个月，甚至更长，延续的时间超过正常年份，常常达一个月以上。

梅雨带活动异常是人们解释大洪水的重要证据，但是究竟怎样才算"异常"呢？至今并没有科学的界定。一般认为，"时间长""雨量大""在某一地区停留时间长"就被看作为梅雨带异常。

显然，这样的解释并不能令人满意。满志敏认为，研究洪水的长期变化过程，必须弄清年内梅雨带的时空特征和梅雨带活动的长期变化。这些工作的开展要从恢复梅雨过程入手，然而观测资料序列太短，迫使我们必须从代用资料中提取相关信息。

4. 泥沙：洪水期间遗漏统计数量惊人

在这次研讨会的文摘中有一篇题为《模拟1998年长江大洪水期间泥沙通量》的文章，模拟得出的结果令人吃惊：

1998年长江上、中、下游的泥沙通量估算分别为9.3亿吨、4.5亿吨和7.2亿吨，分别是过去40年来平均泥沙通量的1.9倍、1.2倍和1.8倍。在两个半月的洪峰期间，上游泥沙输出有8.5亿吨，约有4亿吨淤积在中游，是普通洪水年份的6.5倍，另外的4.5亿吨注入了大海，这一数字是普通洪水年份的3.8倍。

洪峰期间，降雨量可以达到每秒7万立方米～8万立方米，甚至

10万立方米。在如此高能量、高水位洪水面前，大坝能挡住多少泥沙呢？

由于水文站在洪峰期间不可能精确地记录含沙量的数字，因此洪峰期间究竟有多少泥沙没有被统计，成了一个非常令人琢磨的问题。模拟的结果自然而然把一个尖锐的问题摆在人们眼前：洪峰期间的泥沙量我们漏算了多少？

文章的作者是华东师范大学的陈中原教授，很显然，他的工作属于另一种思维方式，一种结合实测进行模拟的方式。陈中原说，洪峰期间大量的泥沙被大水冲刷下来，而人们往往忽略掉了这部分的泥沙量。如果再按以前的逻辑，依靠水文站记录的数字来计算泥沙的通量，得出的往往是泥沙逐渐减少的结论，这与近年来上游地区大量的、强烈的人类活动事实不符。大坝可以挡住泥沙，但在洪水期间必然有相当部分泥沙被冲刷带入中下游、至河口区。否则近30年来逐年下降的泥沙通量很难解释中游河床淤高、洞庭湖萎缩，以及洪涝灾害频发的现象。

陈中原说，如果按照他们的方法把50年来的泥沙通量再演算一遍的话，结果将是惊人的。泥沙通量的计算对于河口海岸、航道、海洋生态环境有着十分重要的影响；它还会涉及到环境工程设计当中的很多问题。如果还按常规的计算方法，河流环境工程的设计指标将遇到洪水期间水沙波动的挑战。

5. 越赤道气流：意想不到的洪水诱因

一般人很难想象，南半球的强冷空气竟会穿越赤道，成为我国长江流域洪水的诱因。然而，中国气象科学院李曾中研究员的研究表明，越赤道气流正是我国长江特大洪水的"罪魁"之一。

我们可以把越赤道气流的影响进行"复原"：当南半球进入冬季时，南极爆发的强冷空气向低纬度移动，穿越赤道时，气团底部增温增湿，而气团顶部仍然保持着冰冷状态，于是气团变得很不稳定。随着继续北上，气团变得越发不稳定。如果这时气团遇到其他的暖湿气流，就会产生特大暴雨等灾害性天气。

早在上个世纪30年代，北京大学李宪之教授留学德国时就曾指出，北半球的冷空气可以穿越赤道，影响另一半球。1987年，李宪之教授在"降水问题"的专著中提出了"宏观系统"的概念，并指出东半球冷空气的侵袭，是造成另一半球发生特大暴雨的重要原因。

李曾中发展了李宪之教授的理论。近年来，他分析了越赤道气流与我国大陆地区的降水关系，发现东半球夏季越赤道气流总量的多少与大陆地区有代表性的336个站6～8月平均降水量有着十分密切的联系。而5月越赤道气流的强弱又可作为当年夏季越赤道气流总量多少的一个预测指标。因此5月越赤道气流的强弱可以看作我国夏季洪涝灾害的信号。

李曾中通过与中国地震局的曾小苹研究员的合作研究发现，当某地出现大面积地磁场异常时，1～9个月后，该地区将会有特大暴雨、洪涝灾害发生。尽管其中的机理尚未完全清楚，但李曾中相信，利用地磁场异常资料，可以预测出未来洪涝灾害发生的地区。通过地磁学与气象学的交叉研究，长江流域的特大洪涝灾害是可以预测的。1998年，他们准确地预测出了以江西省贵溪为中心的最大暴雨中心。

尽管这一理论出现得很早，但是并没有得到学术界得普遍认同。李曾中认为这是一种新的思路，理应得到更多的支持。

32．阿拉伯数字

1、2、3、4、5、6、7、8、9、0，历来被人们称为阿拉伯数字。然而，这所谓的阿拉伯数字其实并不是阿拉伯人发明的。阿拉伯数字最早出现在古印度，直到公元 *8* 世纪，才由印度天文学家毛卡传入阿拉伯地区，阿拉伯人称其为"印度数字"。后来，这种数字经过阿拉伯人的不断改进，又传入了欧洲，并很快传遍全世界，为各国所采用。

这套数字系统最先只有 *1*、*2*、*3*、*4*、*5*、*6*、*7*、*8*、*9*，当时还没有"0"。"0"这个数字，在那时还是一个黑点。后来，又经过了几百年的演化，"0"才正式出现。直到那时，这套完整的十位数字才真正形成。

33. 大自然也需要生存

当代全球性环境问题，主要是由人的思维、决策与行为上的偏差引起的。人的思维一旦偏离正确轨道，随之而来的必然是决策与行为上的失误。全球性环境问题就是处理好人与自然的关系。

怎样才能处理好人与自然的关系呢？

人们要树立一种正确的观念。实际上，人类的力量远比人类自己想象的小得多，但是人类曾经将"欲与天公试比高、人定胜天、战天斗地、战胜自然、控制自然……"等口号喊得震天响。而自然界作为一个大系统、大生命，人类岂能消化得了呢？我们可以把大自然看成是一张网，而人类只不过是网上的一根绳，人类在网上的每一个动作都会波及自身，并且是牵一发而动整张网。人类只有顺应自然才能得到自然的回报，否则必然遭到自然的报复。如同战争没有赢家，同样，人与自然对抗更没有赢家。人类毕竟不凡，已经在反思自己的行为。*1992* 年联合国在巴西的里约热内卢召开了各国政府首脑级别的环境与发展大会，通过《联合国二十一世纪议程》，与地球签订了"天人合一之约"——实施可持续发展战略。

人们还要有正确的行为。过去人类把自己的需求永远放在第一位，而无视自然界的对策。自然界也有对策吗？有。它的对策是获得"最大的保护"——力图达到对复杂生物结构的最大支持。既然这样，我们人类应该节省大自然的支出。

人类依赖大自然而生存，从自然界中索取物和能量，从而实现自己的需求。如果人类完全以自己的利益对待自然界，就具有掠夺自然的性质，那么大自然的资源就会入不敷出。这不是明智之举。

在我国古代，人们就认识到保护生态环境的重要性并进行道德规劝："先王之法，畋不掩群，不取麛夭，不涸泽而渔，不焚林而猎。豺未祭兽，置罘不得布于野。獭未登鱼，网罟不得入于水。鹰隼未挚，罗网不得张于溪谷。草木未落，斤斧不得入山林。昆虫未蛰，不得以火烧田，孕育不得杀，觳卵不得探，鱼不长尺不得取。彘不期年不得食。"这段话体现了朴素的生态保护思想。取之有时，用之有度，就像小家庭过日子一样，精打细算，就会节省很多支出，减少资源的浪费。

不幸的地球在哭泣，不幸的地球在告急。人类需要生存，自然是个大生命系统，它也需要生存。人类活动必须兼顾人类生存和自然界生存的利益，实现两者的统一。

34. 森林是抽水机还是引水器？

有些专家表示，中国西部的缺水情况正在加重。其中除了气候干旱的原因，还有工业用水和农业灌溉上的浪费等人为因素。此外，专家认为人工造林种树也是加剧西部水资源紧张的原因之一。同时，有人把我国西部地区的退耕还林形容为：森林变成了"抽水机"。

日前，记者采访了中国林业科学研究院森林生态环境与保护研究所王彦辉研究员。王彦辉是中国林科院森林与水资源研究领域的首席专家，他谈了自己对我国西部生态环境建设中林水关系的一些看法：不能简单地把西部水资源紧张的问题归结为退耕还林造成的。森林植被和水资源，作为控制生态平衡和影响生态过程的主要生态环境因素，同时作为人为活动影响生态环境的载体，它们在影响、改变、治理西部生态环境中起着重要作用，二者存在着十分复杂的相互关系，在西部生态环境建设中格外引人瞩目，如何处理好林水关系，是合理进行西部生态环境建设的一个关键方面。

1. "外行"说法没必要讨论

在西部缺水的地方，要具体环境具体考虑，宜林宜草。人们种树时，首先要考虑的是逐渐恢复生态环境。

有人认为，不恰当的植树，会像"抽水机"一样，让整个地区的水源变得紧缺起来。在西部部分干旱地区，树很难种活，就必须要用河水或者是把地下水打上来去浇灌树木。这样的树涵养不了水分，反而消耗水分。在这种情况下，植树不能形成水的良性循环。这样的植树所消耗的水量比它能涵养的水量还要多，这就形成了一个"抽水机"。

也有人认为，森林是"引水器"，能够增加降雨。王彦辉介绍，我国曾进行了很多卓有成效的森林水文学研究，这些研究都表明森林植被具有涵养水源、调节径流、改善水质、保护土壤和水环境的巨大作用，这是毫无疑问的，但森林增加降雨和涵养水源是两个概念。对于森林是"引水器"的观点，曾有学者做过研究。森林的确能增加一部分降雨，但只占百分之几的比例，只是有限地增加。和大气环流对降雨的影响相比，微乎其微。

"森林是抽水机还是引水器，这是截然不同的观点"，王彦辉认为，"但这两种说法都是不恰当的、不科学的，没有普遍意义，都是'外行'的说法，学术界没必要花时间来讨论这个问题。"

　　王彦辉表示，退耕还林工程也好，生态环境建设工程也好，目的是为了改善生态环境，不能说表面上水资源增加了，就不再植树了。要改善生态环境，坚持社会的可持续发展，有些方面就要做出牺牲。

　　但同时，在西部缺水的地方，要具体环境具体考虑，宜林宜草。人们种树时，必须要考虑耐旱的树种，根要能扎得很深，但是不一定长得很高，也不一定成材。首先要考虑的，不是要得到什么木材，而是要逐渐恢复生态环境。

　　我国人工造林面积居世界第一位，退耕还林工程更是举世瞩目。目前，我国开展退耕还林工程只有两年多的时间，《退耕还林条例》也是 2002 年刚刚出台。因此，在退耕还林的整个工程建设过程中，还应细化技术规程和加强工程管理的力度。《退耕还林条例》规定，还林还草，以自然植被为主，优先保护现有植被。原则是正确的，但在许许多多的具体情况下怎样应用这些原则，需要具体的研究和合理的模式。

　　2. "洋枪洋炮"打内战

　　耐人寻味的是，很长一段时间，国内学术界关于森林植被与水的争论，因缺乏国内的科学数据，引用的都是国外的研究数据。

　　有关人士介绍，长期以来，在学术界存在很多争论：森林耗水，到底耗多少水？哪个树种耗多少水，在什么结构的时候耗水？森林植被的耗水特征是什么？没有人能够说得清楚。归结起来，就是缺乏过硬的科学研究。

　　而且更耐人寻味的是，很长一段时间，国内学术界关于森林植被与水的争论，因缺乏国内的科学数据，引用的都是国外的研究数据。一位专家曾把这种现象比喻为"洋枪洋炮打内战"。

　　中国存在水资源数量不足、时空分布不均、水质下降、水环境恶化、旱涝灾害频繁、水土流失严重等生态环境问题，影响着社会经济的可持续发展。增加森林植被是解决水资源、水环境问题的重要途径之一，中国正在开展空前的大规模林业生态环境建设，迫切需要生态水文学的科学理论和技术支持。

我国在森林植被与水关系研究方面，开展了一些基础研究，建成了一些森林水文野外观测站，但已有的森林水文学研究结果，其存在内容完整性和系统性差、尺度偏小、过程单一、缺乏对森林植被的水分稳定性认识、不能预测森林植被的区域水文影响等问题，还没有形成能有效指导调控林水关系和进行流域水分管理的成熟理论和科学技术，现有的科学理论、方法和相关的技术成果远远不能满足国家重大生态工程的科学需求。同时，重大基础理论研究滞后问题制约了国家的宏观决策，也影响到植被恢复技术的选择，降低了顺利实施生态工程的科技保障水平。

我国水利建设和林业建设已经有几十年的历史了，为什么到目前，森林和水资源关系的问题，还存在这么多未知数？

王彦辉认为，首先，问题的根源在于部门利益冲突。我国的机构设置是条块分割，负责水的就负责水这一部分，负责林的就负责林，牵扯到交叉领域，非常难以进行，包括搞课题、搞研究。其次，是社会发展阶段和科学发展阶段的原因。随着全球范围内环境问题的呼声日趋高涨，我国林业从林业工业向生态优先的转变是最近几年的事情。水利部门也同样，最早的水利是为农业、工业服务，水利部门没有考虑生态、可持续发展问题。过去的单目标，"单打一"，已经不适合现在可持续发展的要求，需要考虑多目标的问题。

现在，王彦辉和他的同事开展的"中国林业发展战略专题——植被建设与水资源合理配置战略问题"，就是旨在充分发挥森林植被的涵养水源、减免洪灾、改善水质的作用，考虑森林植被对缺水地区的影响，科学而详细地进行林业生态环境建设规划，结合全国和区域水资源管理及综合配置规划，以保障我国社会、经济、生态环境的可持续发展。

3．谁挤占了谁？

多年来，生产和生活用水挤占了生态用水，而不是生态用水挤占了生产和生活用水，现在是归还挤占的生态用水的时候了。

目前，社会上存在的一种观点认为，西部地区是因为植树造林用掉了宝贵的水资源，种树把用水的比例加大了以后，就会减少农业、工业用水及生活用水。这样，植树造林就变成了一件并不是十分有意义的事情。

针对这种观点，王彦辉认为，是多年来生产和生活用水挤占了生态用水，而不是生态用水挤占了生产和生活用水。现在是归还挤占的生态用水的时候了，应该将长期忽略的生态用水列入水资源配置计划。

目前，生态用水得到了认可，这是一个认识上的进步，但还有很多具体问题。生态用水怎样归还？怎样降低生态恢复的成本？如何在生态和生产、生活用水之间找到最优的平衡点？现在，依然存在生态用水数量的计算依据缺乏实验基础的问题，在计算生态用水时不仅要包括地表水、地下水，而且应该包括土壤水。

王彦辉说，计算项目的完整，是将生态用水纳入水资源配置计划的基础工作。

4．节水是关键

生态环境建设的出发点，应该是在目前的技术和经济力量可及的前提下，首先修正那些破坏生态平衡的人为行为和改变那些不当的人为行为造成的生态环境退化结果。

王彦辉谈到，西部生态环境问题分很多方面，造成这些生态环境问题的原因既有人为的，也有自然的。人为原因对不同生态环境问题所起的作用是不同的。

西部与水资源和森林植被有关的主要生态环境问题包括：旱灾和水资源短缺、洪灾、水土流失和沙漠化，以及大面积水源污染（酸雨、农药、化肥）引起的水质恶化。

其中，水资源短缺是水资源需求大于水资源供给的结果，它不仅存在于北方和西北，而且存在于富水的南方。造成水资源短缺的原因很多，不仅仅是降水量，解放以来，随着人口、农业灌溉、工业、城市化的发展和生活水平提高。用水量快速增加，是导致水资源短缺和一些地区（尤其是西北绿洲）生态环境退化的根本原因，其中农业是用水大户，存在"管理型""污染型""工程型"缺水问题。虽然在西北地区恢复和增加森林植被覆盖会影响水文循环和消耗一些生态用水，但这是生态环境治理必须要付出的成本，节约用水和进行水资源的合理配置是解决水资源短缺问题的根本。

35. 体验"聪明厕所"

几个引人注目的微生物生态环保厕所充分派上了用场，它们的"聪明"之处在于可以就地将排泄物"消化"掉。据介绍，"聪明厕所"里的复合活性菌泥可以将粪便分解、消化，将其转化成沼气、二氧化碳和水，然后消毒灭菌，最后作为循环冲洗水被再次利用。

测算表明，一个两蹲位的"聪明"卫生间，一年可节约 1000 余吨水，这些水可提供 10 平方米以上绿化面积的灌溉。该环保厕所全部用电脑来"打扫清理"，电脑按照固定程序进行自动化管理，该环保厕所还可通过联网进行远程监控。

据介绍，第一座"聪明厕所"被命名为"诸葛明庐"号，既取其

"聪明"之意，还给厕所赋予了一种文化内涵。"聪明厕所"的最独特之处在于它符合了网络时代的潮流，任何人都可以在网上查看"聪明厕所"的具体情况，在"聪明厕所"的控制室里，有一个网络端口，只要将其端口接到电话上，就可以知道厕所里是否有人、工作状态是否正常。经厕所处理留下的固化物仅占整个粪便固化物的 2%，一般只需 6 个月清理一次。

36．蚯蚓可吞庞大垃圾山

让蚯蚓来处理垃圾不失为一个环保的办法，戈峰、霍维周等专家献言 2008 年北京奥运会组委会。

蚯蚓可大量吞食垃圾中的有机物，如饭菜、纸张等。一个 3 口之家一天产生的生活垃圾，几千条成年蚯蚓可将其全部"消耗"。蚯蚓吃垃圾的同时会产生无味、无害、高效的多功能生物肥料。蚓肥用于花卉，可明显延长花期，使花更鲜艳；用于果蔬生产，不仅可提高产量，而且可提高果蔬的品质和贮藏时间。

这并非突发奇想，澳大利亚人在 2000 年的悉尼奥运会上就成功地做到了这一点。160 万条蚯蚓曾为奥运村的垃圾处理立下了汗马功劳。悉尼还动用数千万条蚯蚓清除全城垃圾，再将垃圾转化为高质量的肥料。戈峰博士说，美国 1982 年建立的一个蚯蚓养殖厂，该厂可处理 100 万城市人口的城市生活垃圾；加拿大 1985 年建立的一个蚯蚓饲养厂，该厂每周可处理 75 万吨城市垃圾；日本的许多家庭都利用蚯蚓来消灭每日产生的生活垃圾。

在国内，对适宜处理生活垃圾的蚯蚓种"太平 2 号"的全面研究已经有 20 多年的历史。对其生态习性、养殖技术、综合利用积累了大量资料。同时至少有三家部级直属研究单位，对蚯蚓处理生活垃圾进行过系统研究，一些成果已经经过国家鉴定验收。

同时，戈峰、霍维周等专家先后七次召开全北京市的专题研讨会，对蚯蚓处理生活垃圾产生的垃圾源头分类、蚯蚓产业链、蚯蚓与生态农业等问题进行了深入研究。他们的初步结论是，蚯蚓处理生活垃圾的方式值得推广。

37．阳光可作"清洁剂"

在英国工程与物理学研究理事会的资助下，英国诺丁汉大学开发出一种清除微污染物的新方法，他们利用阳光和一种无害的化学物质钛白清除水中的微污染物，取得了良好效果。

科学家新开发的这种称为光催化喷泉反应器的设备，它能有效地将杀虫剂或其他残存的农药分子分解为二氧化碳和水。其主要过程为，使受污染的水通过一个特殊设计的喷嘴，然后，在水中加入钛白粉，让阳光或人工紫外线从喷嘴产生伞状的喷泉顶端照下。这样，光催化剂充分吸收太阳辐射后，它便能有效地使污染物分解。污染物一旦被清除，经过净化的水将注入一个沉淀池中，以便水中的钛白粉沉淀后重新利用。

研究人员称，实验证明这一方法是可行的，它尤其适用于欧洲南部、中南美洲、非洲和亚太地区等阳光充足的地方。在英国等阳光较少的国家，可用耗能低的人工光源代替阳光来实施这种方法。用这一技术处理生活污水或工业废水，不会对环境造成危害，它是一种环保型清污新技术。

38．空气质量与气象条件

城市空气质量的好坏与季节及气象条件的关系十分密切。许多城市的大气污染元凶是燃煤烟雾，其次是汽车尾气和悬浮颗粒物污染，它们的共同作用使空气污染更加严重。在污染源排放量没有大的变化情况下，风、雨、气压、温度等气象条件则直接影响空气质量的好坏。

首先，大气逆温现象直接影响大气污染物的扩散。逆温是空气温度随高度增加而增高的大气垂直层结现象。一般来说，冬季逆温层较强较厚，维持时间较长；夏季则相对偏弱。通常在晴朗微风的夜间有逆温现象存在，该现象使低层大气比较稳定，非常不利于污染物扩散。太阳出来后，随着地表温度的升高，使逆温层逐渐消失，大气湍流混合和垂直对流加强，其有助于污染物质的扩散。冬天，一场冷空气过后，特别是之后连续几天不刮风或只刮微风，人们会渐渐感到空气污浊；如果近地面层空气湿度较大，那么常常会有雾相伴。造成这种现象很大程度上与逆温有关。出现逆温天气会加重大气污染，危害人们健康。

一般条件下，气温是随着高度的增加而降低的，平均每上升 100 米，温度约降低 0.6 摄氏度。这样，大气低层温度高，空气密度小；高层温度低，空气密度相对较大，造成了"头重脚轻"的现象，大气层结构就不稳定，容易上下翻滚而形成对流，这样就会使低层特别是近地面层空气中的污染物和粉尘向高空移散，从而减轻在大气低层污染程度。可是，在某些特定条件下，比如一场冷空气过后，会出现气温随高度增加而升高的现象，导致空气"脚重头轻"，大气科学中称这种现象叫"逆温"。发生逆温的大气层叫"逆温层"。逆温层的厚度可从几十米到几百米，它就像一层厚厚的被子盖在地面上空，空气不能向上扩散，空气中的污染物"无路可走"后又向下蔓延，从而加重了大气污染。

对城市空气质量影响最大的因素是辐射冷却造成的逆温。在秋末和冬季晴朗无风的天气里，一到傍晚日落时，地面强烈地向空中辐射热量，使地面和近地面空气温度迅速下降，而上层空气降温较慢，从而出现气温上高下低的现象，形成逆温层。又因为冬季昼短夜长，晚上辐射降温时间长，往往会出现更多的低空辐射逆温层。白天，由于日照增温不足，使逆温层终日难以破坏，所以人们常会见到大气污染物整天覆盖着地面，特别是在城区，天空总是灰蒙蒙的。

其次，大气污染与风力的大小有关。一般来说：污染浓度与风速的平方成反比，与污染源排放强度成正比。通常风速越大越有利于空气中污染物质的稀释扩散。而长时间的微风或静风则会抑制污染物质的扩散，使近地面层的污染物质成倍地增加。但也有例外情况。在我国冬、春干燥季节，几乎每年都有强大的西北风席卷整个北方甚至南方大部分地区，将内蒙古和黄土高原的大量地表泥土沙粒带到空中，形成大风浮尘、扬沙或严重的沙尘暴天气，使得天空呈现土黄色或漫天昏暗。

最后，大气污染与雨雪有关。自然降雨、降雪对空气污染物能起到清除和冲刷作用。在雨雪作用下，大气中的一些污染气体能够溶解在水中，降低空气中污染气体的浓度，较大的雨雪对空气污染物粉尘颗粒也起着有效的清除作用。但是需要指出的是，当前空气中的雨水已经很不干净。降水与空气中的二氧化硫等气体混合溶解会形成酸雨，酸雨是大气质量差的另一种表现形式。

从季节角度来说，由于冬季北方降水较少，气候干燥，刮风天气较少，光照较弱，日照时间短，逆温层较厚，且温度较低，大气对流不活跃等不利于空气中污染物质扩散的因素较多。夏季由于太阳辐射很强，大气对流活动旺盛，逆温层的生成存在时间缩短，且降雨天气较多，降雨量很大，对污染物质清除作用明显，使空气污染程度相对减轻。

39. 如何用"垃圾炼金"

美国的发达由欧洲人的"淘金热"而起，那个时代的人用极其简易的漂洗方法从泥沙中淘金。中国古代人，也曾用矿物炼金。因为金子曾是人们用以交换任何物品的中介物，有了金子便有了一切，所以一直到今天，很多人热衷于淘金。其实，"淘金"的方法多种多样，科学家们已经能够把垃圾变成金子了，中科院广州能源研究所就有一个专门变垃圾为金的实验室即新能源与可再生能源实验室。不过他们的方法更巧妙，非直接"点垃圾为金"，而是把垃圾变成人们乐意接受的、社会需要的短缺资源即电能或植物有机肥料。

变垃圾为电能或植物有机肥料的过程说起来简单，实际上很复杂。首先，要去跟踪垃圾场几个月采集样品，建立数据库，对垃圾进行分类。因为不同地区有不同的垃圾类型，有的地区可燃烧物品多，有的地区食余多，只有分类后才能确定是采用垃圾发电还是堆肥。

如果用垃圾发电，则要对垃圾进行焚烧处理，把垃圾焚烧过程中产生的热能转化为电能。用垃圾发电的优点是垃圾堆放场地小，节省土地资源，但技术要求高。垃圾焚烧若技术不过关，焚烧时会释放致癌物二恶英，产生二次污染。这正是目前科学家们投入大量精力进行研究的关键课题。如果用垃圾堆肥，则需要建立使垃圾能够发酵的堆放池。最高级的垃圾处理方式是发电和堆肥联用，而联用需要攻克的科学技术问题则更多。

用垃圾发电的关键设备是垃圾焚烧炉，炉子质量的优劣决定垃圾焚烧的效率。垃圾进入焚烧炉后能否得到充分燃烧？怎样才能让垃圾充分燃烧？等等，都是需要科学家解答清楚的重要问题。这些问题即是用"垃圾炼金"的基本原理。

由于科学家们的努力，目前我国"垃圾炼金"的方法已经不存在大问题。许多经纪人已经把垃圾焚烧技术从实验室移植于市场，用于处理生活垃圾，并获得了良好回报。如四川成立的某家环能公司，准备处理包围成都市的垃圾圈，既为民除患，又能发家致富。

这家公司预测，目前，我国实施简易处理方式的城市垃圾仅占总量的 2.3 %，历年垃圾的堆存量已高达 60 多亿吨。2001 年，我国城市生活垃圾已达 1.5 亿吨。若以低位热值 800kcal/kg 计算，折合热值为 700kcal/kg 的标准煤 1714 万吨；如果全部用以发电并按 20 %的发电效率计算，可安装发电设备 3180 兆瓦，即使全部使用国产设备建垃圾电厂，其工程投资将超过 650 亿元。而"环能"独有知识产权的国产 SHNB 垃圾焚烧锅炉，其工程投资成本仅为海外引进设备的 24 %。因此，"环能"独有产权的国产锅炉能为其实现垃圾发电带来独特有利的竞争优势。这款锅炉的市场前景一片光明。

40．绿色技术的价值

环境问题的主要表现为资源枯竭、生态恶化和环境污染。资源枯竭削弱了工业的物质基础，威胁到人类的可持续发展。生态恶化增加了农业生产投入，减少了产出，同时降低了人类的生存质量。环境污染导致部分生物物种灭绝，加剧了生态恶化，同时通过食物链危害人类。

为了解决环境问题，人类需要超越现代技术，寻求一种新的技术体系，以实现人类的可持续发展。在此背景下，绿色技术应运而生。所谓绿色技术，是指能减少污染、降低消耗、治理污染和改善生态的技术体系。

绿色技术是由相关知识、能力和物质手段构成的动态系统。这意味着，有关保护环境、改造生态的知识、能力和物质手段只是绿色技术要素。只有三个要素结合在一起，相互作用，才构成现实的绿色技术。环保和生态知识是绿色技术不可缺少的要素，绿色技术创新是环保和生态知识的应用。具体说，环境科学家、生态学家和相关技术专家是知识的载体，发展绿色技术，就要加强环保和生态知识基础研究和教育、培训。

绿色工艺不能等同于绿色技术。工艺是技术活动中加工程序（流程）和方法，它是依据知识、能力来组合物质的手段。同样，绿色工艺只反映了绿色技术构成要素之间的相互作用关系，是绿色技术从潜在性向现实性转化的中间环节。

环保设备只是绿色技术发挥功能的物质手段，不能等同于绿色技术。诸如煤粉收集器、超生雾化消毒机、浮油回收装置、电解防污防腐装置等环保设备，这些设备需要具有相关知识、经验的人来操作使用。否则，就是一些普通物品。

绿色产品在使用中履行着保护环境、改善生态的功能，它是绿色技术活动的最终结果。绿色产品与绿色技术之间的关系是：同一绿色技术可以生产多种绿色产品，同一绿色产品生产可能需要多种绿色技术。产品的绿色包装（能自然分解或易回收）应属于绿色产品。可以这样理解：绿色包装本身就是一种产品，它是某种绿色技术（如用农作物秸秆为原料的新材料生产技术）活动的产物。但是，绿色包装里面的产品可能不是绿色产品。

　　绿色技术包括清洁生产技术、治理污染技术和改善生态技术。按联合国环境规划署的定义，清洁生产是关于生产过程的一种新的、创造性的思维方式。清洁生产意味着对生产过程、产品和服务持续运用整体预防的环境战略，以期增加生态效率并降低人类和环境的风险。无疑地，清洁生产技术属于绿色技术。但绿色技术不能等同于清洁生产技术。

　　假定在一个孤立、封闭的地理系统，生态平衡，没有污染。由于地理系统内部的居民一直使用清洁生产技术，从不使用任何污染技术，因此，地理系统中人与自然关系处于和谐状态。这时，清洁生产技术等同于绿色技术。但在今天的地球表面，不存在严格孤立的、封闭的地理系统。不同地理系统之间存在着相互影响、相互制约的关系，任何地理系统的污染都会影响邻近的地理系统。并且，人类在工业化进程中，一开始使用的技术具有高排放、高消耗和易污染性质，造成了环境问题。正因为出现了环境问题，作为一种反思，相关科学家才提出清洁生产技术概念。在已出现污染和地理系统呈开放的条件下，即使今后都采用清洁生产技术，也只能部分解决环境问题。理由是，清洁生产技术只能防止未来的污染，而不能消除已存在的污染。从这个意义上来讲，清洁生产技术只是绿色技术的一部分，而不是绿色技术的全部。

　　在功能上，治理污染技术与清洁生产技术互补。治理污染技术是通过分解、回收等方式清除环境污染物，即解决存在的污染问题，而清洁生产技术是保证未来不发生污染问题。

　　在没有人为干扰的情况下，局部自然生态也可能出现恶化，如沙漠化、泥石流、湖泊沼泽化等。自然生态恶化同样会影响人类的生存，因此，需要相应的技术来改善自然生态，如沙漠植草、土石工程、湖泊疏浚等。尽管这些技术属于常规技术，但在功能上应划入绿色技术。

绿色技术负载着一种新型的人与自然关系，它强调防止、治理环境污染，维护自然生态平衡。在现代，随着环境污染和生态恶化，那种认为人是自然的主人，"人定胜天"的观念已经得不到多数人支持。人是生物圈的构成要素，人与自然之间存在结果不对称的互动关系。无论人的作用多么大，人对自然的影响只是改变自然的具体演化方式，不可能毁灭自然，更不可能消除自然的存在。但自然对人的巨大反作用就有可能毁灭人类，消除人类的存在。因此，在最高意义上来讲，自然才是人的主宰，人只能尊重自然、敬畏自然。自然作为人的生存环境，人对自然的任何影响最终都转化为对人自身的影响。环境污染和生态恶化，也只是相对人而言。

人是生物经过亿万年进化的产物，是地球自寒武纪以来的演化方式造就了生命，造就了人。受人的生理特征所决定，人只能适应现阶段地球的演化方式或存在方式，而不能适应地球的其他演化方式或存在方式（如没有氧气，没有水）。因此，人类活动不应改变现阶段地球的基本演化方式，否则，地球基本演化方式的改变将给人类带来灾难。

以高消耗、高排放、易污染为特征的现代技术，奉行"人类中心主义"，追求的目标是征服自然。实践表明，现代技术正在改变地球的基本演化方式，这是很危险的。因此，必须进行技术示范式转换，由现代技术过渡到绿色技术，制止人类"搬起石头砸自己的脚"，以维持现阶段地球的基本演化方式。

自然界的各部分紧密联系，地球表面不同区域之间相互影响。如果不加控制，点污染会发展为面污染，局部的生态恶化会逐渐影响到整个地球生物圈。绿色技术可以防止和治理污染，改善生态，实现人与自然的协调发展。绿色技术的开发应用，总是在具体的区域进行。

那些应用绿色技术的区域，环境问题就得到解决。具体区域环境问题解决了，就是对邻近区域的"生态支持"，对维护全球生态平衡做出了贡献。如果现在所有区域都开发、应用绿色技术，那么，困扰人类几百年的环境问题就渴望在不久的将来从根本上解决。我们将留给子孙后代一个美丽、富饶的地表自然。显然，绿色技术的开发、应用是一种善的行为，绿色技术负载伦理价值。

绿色技术创新的主体是企业。在政府法规、市场力量和公众压力的综合作用下，越来越多的企业积极选择绿色战略，推进绿色技术创新，生产绿色产品。企业之所以开发、应用绿色技术，主要是因为绿色技术负载经济价值。这些经济价值可能是显性的、货币化的，也可能是隐性的、非货币化的。

具体说，绿色技术的经济价值包括三部分：一是内部价值，指绿色技术开发者或绿色产品生产者获得的价值。如绿色技术转让费、清洁生产设备、环保设备和绿色消费品在市场获得的高占有率等。二是直接外部价值，指绿色技术使用者和绿色产品消费者获得的效益。如用高炉余热回收装置降低能源消耗，用油污水分离装置清除水污染，使用绿色食品降低了人们的发病率等。三是间接外部价值，指未使用绿色技术（产品）者获得的效益。这是所有社会成员均能获得的效益（如干净的水，清新的空气），也是绿色技术负载的最高经济价值。

41. 新型生态住宅

美国公司最近研制出一种新型生态住宅。这种住宅水、电自给自足，住宅使用生态环保材料，室内空间围合随意，宽敞、明亮、宁静、舒适。

新型生态住宅的特点是：收集雨水，循环利用——雨水汇集到房下的储水槽然后送到厨房，在厨房使用后还可冲洗厕所或浇灌植物；充分利用太阳光能——太阳能电池及时为电器设备供电，不用电或用不了的电由蓄电池储存，即使太阳能电池不工作，蓄电池可以保证5天用电；房屋结构灵活多变——外观呈圆柱形，坐落在矩形的轻钢质平台上，平台上的房屋由各种可拆卸组合的构件组成，空间分割围合随心所欲，房间更新只需变换隔墙板。

这种新型的生态住宅之所以走俏市场，除了能满足消费者强烈的生态环保需求，更重要的是住宅本身功能完善、安静舒适且节约能源，住宅实现了环境生态效益、经济社会效益与消费群体需求的统一。

42．沙尘天气的形成原因

浮尘、扬沙与沙尘暴统称沙尘天气。扬沙与沙尘暴都是由于本地或附近尘沙被风吹起而造成的，其特点是天空混浊，能见度明显下降。扬沙天气风较大，能见度在1公里到10公里之间；沙尘暴天气风力很大，能见度小于1公里。而浮尘是由于远地或本地产生沙尘暴或扬沙后，尘沙等细粒浮游空中而形成，俗称"落黄沙"，浮尘出现时能见度小于10公里，大致出现在冷空气过境前后。

据统计，20世纪70年代沙尘天气共发生13次，80年代14次，而90年代至今已发生过30多次，并且波及范围愈来愈广，造成的损失也愈来愈严重。沙尘天气的形成要具备两个条件，一是地面上要有沙源；二是要有大风。影响中国的沙尘暴源区可分为境外源区和境内源区。境外源区主要有蒙古国东南部戈壁荒漠区和哈萨克斯坦东部沙漠区；境内源区主要有内蒙古东部、新疆南疆的沙漠地区。当沙尘从境外源区进入中国时，境内源区则成为加强源区。对北京地区影响最大的沙尘暴源区和路径主要分布在内蒙古和河北北部。造成这次沙尘暴天气的主要原因是，去年夏天至今我国北方持续干旱使草场等的沙化面积扩大。

43．不容忽视的热污染

所谓热污染，是指现代工业生产和生活中排放的废热所造成的环境污染。热污染可以污染大气和水体。火力发电厂、核电站和钢铁厂的冷却系统排出的热水，以及石油、化工、造纸等工厂排出的生产性废水中均含有大量废热。这些废热排入地面水体之后，能使水温升高。在工业发达的美国，每天所排放的冷却用水达 4.5 亿立方米，接近全国用水量的 1/3；废热水含热量约 2500 亿千卡，足够 2.5 亿立方米的水温升高 10℃。

热污染最直接的受害者是水生物，由于水温升高使水中溶解氧减少，水体处于缺氧状态，同时又使水生生物代谢率增高而需要更多的氧，造成一些水生生物在热效力作用下发育受阻或死亡，从而影响环境和生态平衡。此外，河水水温上升给一些致病微生物形成一个人工温床，使它们得以滋生、泛滥，引起疾病流行，危害人类健康。1965 年澳大利亚曾流行过一种脑膜炎，后经科学家证实，其祸根是一种变形原由，由于发电厂排出的热水使河水温度增高，这种变形原由在温水中大量滋生，造成水源污染而引起了这次脑膜炎的流行。

随着人口和耗能量的增长，城市排入大气的热量日益增多。按照热力学定律，人类使用的全部能量终将转化为热，传入大气，传向太空。这样，使地面反射太阳热能的反射率增高，吸收太阳辐射热减少，沿地面空气的热减少，上升气流减弱，阻碍云雨形成，造成局部地区干旱，影响农作物生长。近一个世纪以来，地球大气中的二氧化碳不断增加，气候变暖，冰川积雪融化，使海水水位上升，一些原本十分炎热的城市变得更热。专家们预测，如按现在的能源消耗的速度计算，每10年全球温度会升高0.1℃～0.26℃；一个世纪后即为1.0℃～2.6℃，而两极温度将上升3℃～70℃，对全球气候会有重大影响。

造成热污染最根本的原因是能源未能被最有效、最合理地利用。随着现代工业的发展和人口的不断增长，环境热污染将日趋严重。然而，人们尚未用一个量值来规定其污染程度，这表明人们并未对热污染有足够重视。为此，科学家呼吁应尽快制订环境热污染的控制标准，采取行之有效的措施防治热污染。

44．节水科技

1．推广农业节水技术

农业用水占我国总用水量的80％，但农业用水中的浪费现象也最严重，灌溉用水占农业用水量的70％，灌溉过程中半数以上的用水在中途渗漏，采用漫灌又要浪费30～35％。今后应大力发展节水灌溉技术，从传统的粗放型灌溉农业和旱地雨养农业转变为节水高效的现代灌溉农业和现代旱地农业。对灌溉农业区，节水灌溉技术应以改进地面灌溉为主，推广适合我国国情的地面灌溉节水技术（如平地、沟灌、间歇灌等）。在北方渠灌区推行并渠结合的灌溉方式，有条件的地区可发展喷灌和滴灌方式。应使水利工程和农业技术相配合，进行节水的轮作制度，推广耕作栽培、培肥施肥和抗旱高产优质品种。对旱地农业区，应按照水旱互补的方针，充分利用雨水集蓄节灌等现代旱地农业技术，进行以坡改梯为重点的基本农田建设，并通过各种措施，降低无效蒸发，提高土壤有机质，建设土壤水库，增加贮水。同时，根据不同作物的需水特征和当地水资源条件，调整作物布局，优化种植结构，选育优良品种。

2．推广工业节水技术

工业生产也是用水大户。目前我国工业万元产值用水量是发达国家 5～10 倍，压缩工业用水量还有很大的潜力可挖。降低工业用水量可以从以下三个方面入手：①改革生产用水工艺，争取少用水。如我国炼钢等生产过程的单位耗水量比国外先进水平高几倍甚至几十倍，若用氧气转炉代替老式平炉，不但可提高钢的产量，而且可降低用水量 86%～90%。②提高水资源的重复利用率。国外先进工业企业的水资源重复利用率高达 90%，而我国企业的用水绝大部分都在一次利用后作为废水排放。虽然我国一些缺水大城市的工业用水资源重复利用率较高，但地区差别很大，进一步挖潜可节约大量用水。③探讨利用海水、微咸水的技术。由于淡水资源的缺乏，沿海城市可利用海水作为工业冷却水和生活冲厕水，华北和西北地区可开发微咸水资源。

3．推广城市生活用水节水技术

城市生活用水是水资源消耗的一个重要方面，也是水污染的又一重要来源。据建设部城市水资源中心的资料表明，我国城市生活用水的 1/3 由于水资供给和使用过程中跑、冒、滴、漏现象而白白损失了。由于许多城市自来水管道老化和质量低劣，每年我国由于管道漏损的水量就占自来水管网供水的 20% 以上，达到 60 亿立方米。面对这种情况，我国城市应通过节水技术改造供水管网，开发和推广节水器具，宣传并鼓励节水，创建节水型城市。

4．开发、引进和吸收先进的治污技术

除了在农业、工业和生活用水中节水外，开发、引进先进的治污技术，提高污水处理率和再利用率也是节水的一个重要途径。面对水环境污染日益严重的问题，我国首先应从战略上变"末端治理"为

"源头控制"。我国应该积极开发和引进吸收国外先进的治污技术，提高城市污水的处理深度，将城市污水开辟为"第二水源"。这种再生水可用作城市用水、工业冷却水、环境用水、地面冲洗水和农田灌溉水。这是保护供水水质和改善水环境的必然要求，也是实现城市水资源与水环境协调发展的根本出路。

45．植树造林消减噪声

在人口集中，交通、工矿企业发展很快的城镇，噪声对人类的危害越来越严重。据资料记载，噪声在 50 分贝以下，对人没有什么影响；当噪声达到 70 分贝，对人会有明显危害；如果噪声超过 90 分贝，那么人就无法持久工作了。目前在我国很多城市，噪声超过 70 分贝的环境很多，因此，噪声作为一种公害，已引起人类普遍重视，人们采取了各种减少噪声的措施，而绿化造林就是一举多得的好办法。

从科学试验中得知：公园林木可降低噪声 5—40 分贝，比离声源同距离的空旷地自然衰减量要多降低 5—25 分贝；汽车高音喇叭在穿过 40 米宽的草坪、灌木、乔木组成的多层次林带，噪声可以消减 10—15 分贝，比空旷地自然衰减量要多消减 4 分贝以上；在城市街道上种树，也可消减噪声 7—10 分贝。实践证明，在城市街道、空旷地及房屋庭院种上绿树花草，能减轻噪声污染。

从林木防止噪声的效果来看，林带越宽越密越好。科学研究认为，在城市里，最少要有宽 6 米、高 10 米的林带，消减噪声效果比较明显，而且要求林带不宜离声源太远，一般在 6—15 米之间为好。

为了提高绿化消减噪声的常年效果，应尽量选用四季常绿树种，以乔木为主，灌木、花草相结合，构成多层次的消声林带，效果会更佳。

46. 熊猫粪便里有"宝贝"

熊猫以硬邦邦的竹子为主食，却不会出现消化不良的情况。日本北里大学田口文章等人猜测，是不是它们的肠道里有一些能高效地分解植物的微生物。

这有必要通过实验来找寻答案。他们从东京上野动物园要来了满满一桶熊猫粪便。分析发现，其中含有一些能高效分解厨房垃圾的细菌。麦麸、豆腐渣等现有处理设备难以分解的食品废弃物，若用这些细菌处理，分解率能达 95％以上。

据日本《朝日新闻》日前报道，田口文章等人从熊猫粪便中分离出约 270 种微生物。按照这些微生物对油、蛋白质、糖的不同分解能力，挑选出 40 种相对高效的微生物。再从中挑出反应速度快并且在 70 摄氏度以上也能增殖的 5 种细菌。

他们将这些细菌放入目前市场上出售的普通厨房垃圾处理机，让其增殖。17 周后，再向处理机中投入 70—100 公斤烂菜叶等厨房垃圾。一段时间后，这些垃圾的 95％-97％都被分解成了水和二氧化碳，剩余的渣滓不到 3 公斤。对混有麦麸、豆腐渣等的垃圾的分解率也超过 95％，而此类垃圾用常用细菌很难分解。

目前日本全国每年产生 200 万吨麦麸，70 万吨豆腐渣。能加工成食品和饲料的只是很少一部分，如何处理这些废弃物一直是个难题。

47. 宇宙射线是全球变暖的原因之一

长期以来，有关全球变暖的原因，科学家们一直争论不休，但这些争论渴望得到解决。最近有科学家提出了一种新的观点，认为来自宁宙的射线也是全球变暖的原因之一，它通过改变低层大气中形成云层的方式使地球变暖。

新的观点并不否认被广泛接受的"温室气体是引起全球变暖的主要原因"的论点，但不同意"温室气体是全球变暖的唯一原因"。因为如果温室气体是引起全球变暖的唯一原因，地球表面和大气的变暖程度就应该相同，而卫星测量表明事实并非如此。事实是地球表面在过去 100 年虽然升高了 0.6 摄氏度，但大气层最下面 8 公里处的温度变化却很小。

因此一些研究人员认为，宇宙射线水平的变化可能是解释这一疑难问题的关键所在。他们指出，由于来自外层空间的高能粒子将原子中的电子轰击出来，形成的带电离子可以引起水滴的凝结，从而可增加云层的生长。也就是说，当宇宙射线较少时，意味着产生的云层就少，这样，太阳就可以直接加热地球表面。

对过去 20 年太阳活动和它的放射性强度的观测数据支持这种新的观点，即太阳活动变得更剧烈时，低空云层的覆盖面就减少。这是因为从太阳射出的低能量带电粒子（即太阳风）可使宇宙射线偏转，随着太阳活动加剧，太阳风也增强，从而使到达地球的宇宙射线变少，因此形成的云层就少。

但一些评论家指出，这种新理论的一个突出问题是宇宙射线看来并没有影响高空云层的形成。对此，美国纽约州立大学的于方群（音译）做出了解释。于方群认为，在高层空间，如果宇宙射线产生的带电粒子浓度很高，这些带电离子就有可能相互碰撞，从而重新结合成中性粒子。但在低空的带电离子，保持的时间相对较长，因此足以引起新的云层形成。于方群说，新的理论有助于解释为什么地球表面变暖而低空大气层没有变暖。他认为，温室气体和宇宙射线都对全球变暖产生影响。

美国得克萨斯大学的大气学家布赖恩·廷斯利说，由于云层的覆盖面随高度的变化而变化，因此新理论也可能有助于解释为什么地球的某些地区比另外一些地区变得更温暖。

48．人造卫星可识别大气人为污染物

依靠精确的新卫星测量仪器和复杂的新计算机模型，美国宇航局的研究小组近日成功绘制出第一幅全球性小悬浮物的天体图。这一天体图可以帮助人们区别人造污染性颗粒与天然悬浮颗粒，从而测定人类活动带来的悬浮颗粒污染究竟有多严重。

这一突破性成果发表在 19 日最新一期《自然》杂志上，该研究小组表示，他们接下来会更精确地量化人类悬浮颗粒污染对地球天气和气候的影响。

美国宇航局有史以来第一次利用中分辨率成像光谱仪（MODIS），这一设备搭载在 Terra 号和 Aqua 号人造卫星上。他们利用这一设备，精确地测量了每天悬浮颗粒所反射回太空的太阳光在太阳光谱 0.41—2.2 微米范围内的波长。一般地，1 微米以下的颗粒会以较短波长（蓝光）集中反射太阳光，而 1 微米以上的颗粒会以不同波长（蓝光、绿光、红光及远红外光等）大致平均地反射回太阳光，而人造颗粒一般都在 1 微米以下，天然悬浮颗粒在 1 微米以上。根据这一原理，科学家们就可以根据中分辨率成像光谱仪（MODIS）所测得的数据来辨别人造污染性颗粒。

但是，还有一些状况并不完全遵守这一原理，自然界也会产生 1 微米以下的悬浮颗粒，而人类也会通过农业劳作和滥伐森林等产生 1 微米以上的颗粒。因此，科学家还结合其他相关数据，比如通过卫星获得的土地使用和火灾情况的数据、事先输入到计算机中的人口和经济活动等数据。Terra，号和 Aqua 号所搭载的这些新型悬浮颗粒测量设备，与近 20 年来的卫星设备相比有了非常可观的改进。

另外 Terra 号卫星上还搭载着多角度成像光谱辐射计（MISR），可以从 9 个不同方向观察颗粒所反射和分散的光线情况，多角度的多角度成像光谱辐射计（MISR）和多波长的中分辨率成像光谱仪（MODIS）可以相互补充。另外，美国宇航局还准备在以后发射的卫星上搭载雷达装置，使用雷达将光束送回地球，进一步分析悬浮颗粒团的纵横结构。

49．雾的危害

雾是地面气温下降，饱和水汽在尘埃、微粒、细菌等凝结核上凝结的小水滴，雾是常见的自然现象，秋冬季由于地表辐射逆温作用，雾天出现频繁。说到雾，人们就会想起它对交通出行的危害。大雾天造成的交通事故很多，而且也很惨重。据某地统计，一年因雾影响产生的交通事故多达 40 ％。但是，雾对人类的危害绝不仅于此。

第一，雾有较强的吸附性，雾滴在低空飘移时，它在不断与污染物碰撞，能使污染物积聚，让雾的有害成分大增。据测定，雾滴中酸、胺、酚、重金属微粒、尘埃、病菌含量比通常大气高出几十倍。

第二，雾滴中含有的二氧化硫、硫化氢等物对金属腐蚀性很大，使外露金属物件寿命缩短，据统计，全球每年让酸雾锈蚀的钢铁有上千万吨。

第三，雾对农作业危害也很大，在农作物、水果、蔬菜生长过程中粘附上有害雾滴，不仅会使果实蔬菜长上斑点，而且能促进霉菌的生长。有文章介绍，某些农作物在扬花或生长期，遇上持续的雾天，可造成 1—3 成的减产。

第四，由于大气污染，形成雾的凝结核性质的变化，雾对人体的危害越来越严重，人在呼吸了污染雾后，鼻炎、咽炎、支气管炎、肺癌发病率明显增多。

为减轻雾对人类的危害，除加强交通管制，增强安全意识，根本的方法是控制大气污染，减少自由大气中有害凝结核的数量，还雾本来面目——洁净。

50．一分为二的南极臭氧洞

南极臭氧洞已经不可思议地缩减到原来的 1/3 大小，并且在近日一分为二。迄今为止仅有的解释是，空前的大规模气候变化将同温层变暖，于是抑制了能对臭氧层产生破坏的大气中化学物质的反应，同时还能引入一部分新的臭氧。新增加的臭氧可以帮助阻挡有害的紫外线辐射，这对于企鹅和居住在南半球南部的人来讲无疑都是喜讯。但是目前看起来，这种强烈的臭氧洞缩小并没有延续的趋势。

臭氧洞的形成是由一些污染物引起的，例如过去常用于电冰箱和空调的含氯化合物等。在过去的 6 年当中，臭氧洞的面积一直稳定在大约 2400 万平方公里左右。然而，在过去的两周里，臭氧洞的面积下降到 1500 万平方公里，是从 1988 年以来的最小数值。9 月 29 日，根据美国国家航空航天局的大气物理学家保罗·纽曼（PaulNewman）提供的数据，臭氧洞面积下降到仅仅 200 万平方公里。在今年 9 月，臭氧洞开始拉长，并且向南极方向移动。上周，它开始分裂，形成了两部分，一部分在南极海岸朝向非洲的地方，另一部分靠近南美。

人造卫星上的臭氧监测仪，是由美国国家航空航天局和美国国家海洋和大气层管理署管理使用的，它从 1979 年就被开始用来观察臭氧洞。但是过去臭氧监测仪一直都没有观察到类似今年发生的这种变化。

气象学家将臭氧洞的奇怪表现归结为全球范围内的大气环流。气流仅限于较低大气层，其能穿过同温层，进而改变臭氧的分布模式，在南半球，现在的环流尤其明显。研究人员认为，这能使同温层变暖，就会降低化学物质对臭氧层的破坏，通过抑制能促进化学物质反应的冰云粒子的形成，气流能通过携带富含臭氧的空气来修复部分空洞。

目前研究人员们都在试图找出这其中的原因。但是，新增加的臭氧只能临时性的缓解问题。只有靠大气层中的那些可以破坏臭氧层的污染物的缓慢自净，以及持续减少排放这些化学物质才是解决问题的关键。

51．尼安德特人消失之谜

1829 年，人们发现了尼安德特人的化石，从此，尼安德特人的命运就一直是人们探讨的问题。尼安德特人是人类的"近亲"，他们生活在大约 12 万到 3 万年前，那时正是地球上的冰河时期。他们居住在欧洲及西亚，性格温和，但脑容量比现代人少，所以普遍认为他们比现代人的智力低。之所以说他们是人类的"近亲"，是因为后来他们并没有进化成人类，而是在大约 3 万多年前灭绝了。

有人称，尼安德特人就是原始人类研究中的恐龙，而且像恐龙一样，他们在突然之间就消失了。

研究发现，尼安德特人销声匿迹的时候，正是现代智人刚进入欧洲的时候，他们一起共同生活了 1000 年左右。因此，有学者认为，是现代智人的入侵，占据了他们大量的生活空间，而且抢夺了他们的食物，从而使他们渐渐灭绝。

随着研究的深入，又有学者认为，尼安德特人灭绝之前，冰川世纪突然来临，当地天气突然变冷。尼安德特人为了躲避寒冷的天气，分别逃向气候相对较暖的各个山谷中，各个群体之间的联系越来越少，而近亲交配机会的增多，使得他们的竞争力越来越弱，根本不能与新来的现代智人相比，于是他们在优胜劣汰的竞争环境中渐渐走向了灭亡。

再后来，又有新的研究表明，尼安德特人之所以灭亡，是因为他们不能适应摄食环境的改变。在 3 万年前的冰川世纪中，气候渐渐变得越来越冷，植物也越来越少，大批食草动物迁向气候温暖的南方，尼安德特人的生存环境也越来越差，经常有人饿死。尼安德特人就这样消失在恶劣的生存环境中。

尼安德特人消失的真相究竟是什么，科学家们还在继续研究中。

52．高度文明的姆大陆

很久很久以前，太平洋上有一个姆大陆，大陆上有巨大的神殿和美丽的城镇。环境宜人，四季花果飘香，商业繁荣，人们之间和睦相处，过着自由自在的生活。可是，突然有一天，不幸降临了！

这天，大地先是发出一种骇人的轰鸣声，接着地面开始像海浪般地起伏。更不幸的是，火山也开始喷发，霎时间，天崩地裂，岩浆横流，曾经美丽的城市就像积木一样，不堪一击，瞬间灰飞烟火，随着古老的大陆沉入了海底。

有人可能会问，既然姆大陆已经消失了，人们又是怎么知道它曾经存在过呢？

事情要追溯到 1863 年，一个法国人发现了一本手稿。这本手稿

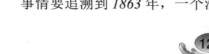

中记载了很多古老的事情。后来，他又有幸看到了收藏在西班牙的玛雅文献《特洛阿诺抄本》，他发觉这两本书中都提到了一个因火山喷发而消失的大陆，发音为"姆"。他认为这是曾经真实存在的一个大陆，并且应该位于太平洋。

如果真的存在这样一个大陆的话，是不是应该有遗迹留下呢？随着潜水考古的发展，越来越多的发现为姆大陆的存在提供了佐证。考古员在密克罗尼西亚群岛中，一个叫波纳佩的岛附近的海底，发现了至今保存仍很完整的住宅、街道、石像等人类生存痕迹，并且捞出了许多黄金和珠宝饰物。

而且，在太平洋中的许多岛屿上，都留有巨大的石头城和石头雕像等。有学者猜测：这一地区曾经存在着一个高度文明的种族，因为某种我们迄今尚不知道的原因而集体撤离或是集体灭绝，只留下了壮观的建筑遗迹。

姆大陆的存在似乎已经成为事实，但其沉没原因也成为人们争论的焦点之一。真的是因为火山喷发；还是由于大地震时期的地震；又或者是冰河期的造访。谁也不知道。这一个又一个谜团，只能等待人们在未来去发现。

53．雷姆里亚大陆是否真的存在

除了著名的姆大陆，在印度半岛和南非大陆之间曾经还存在过一个雷姆里亚大陆，该大陆上恐龙等爬虫类动物非常繁盛：陆地上巨型恐龙漫步，空中翼龙飞舞，水里鱼龙出没……这是很多科学家提出的一个猜疑。因为一些特殊的哺乳动物和有着相似语言的人种及文明，同时出现在这两个现在已经相互远离的大陆上，以及中间断断续续的岛屿上。印度洋里分布着马达加斯加岛、阿尔达布拉群岛、塞舌尔群岛、马尔代夫群岛、拉克代夫群岛等一系列海中孤岛，这些从非洲南端一直延伸到印度半岛的海洋中的岛屿，曾经似乎就是雷姆里亚大陆的残余。

如果这个大陆真的存在，那么为什么又突然消失掉了呢？是慢慢地沉入了海底吗？还是突然之间烟消云散了呢？海底是否有一条从非洲到印度的文明带呢？为什么那些海岛上还生活着丰富的动植物，以及与消失大陆貌似有着千丝万缕的联系的土著居民，而没有随大自然的变迁移到大陆上呢？这当中是否爆发了大规模的火山、地震、海啸之类的大型地壳运动呢？这些疑团都不断地困扰着相信雷姆里亚大陆存在的人们，也给这个梦幻中的大陆染上了太多的神秘色彩。

也有研究者认为，雷姆里亚大陆和姆大陆相连为一体，甚至就是一个大陆。

不过，神话传说中把雷姆里亚人当成是地球的始祖，并描绘了他们奇特的外形特征：雌雄同体，卵生，像猿人一样，有的有四只手，有的脑后长着一只眼睛，穿着爬虫类的皮衣，手持木枪，牵着驯服的恐龙——俨然是上帝的宠物。难道是上帝把他一手创造的雷姆里亚大陆给毁了，雷姆里亚人都回到了上帝的身边吗？

有研究表明，位于印度洋底的山脊现在仍有长有落，那是消失的雷姆里亚大陆吗？在那里是否藏着雷姆里亚文明呢？

54. 远去的巨人

在很多神话故事中，常有巨人出现，他们的平均身高在 2 米以上，力大无比，性情一般比较暴躁。在古罗马的传说中，天国的血降落在大地女神盖亚的膝上，她就怀孕生下了巨人族。那么，现实生活中是否也有巨人存在呢？

19 世纪，考古学家们曾挖出一些体形巨大的骸骨，还有一些似乎只有巨人才能使用的巨大工具。1940 年，美国内华达州的几个牧场工人在一个荒凉的山洞中，发现了一具巨大的木乃伊。人们还发现了一些巨石阵或巨石建筑，这些巨石大都又高又重。以现代人的眼光来看，以当时的生产力水平，如果不是巨人，那么还有哪个种族能建造出如此巨大的建筑群呢？这些都给人们带来了极大的冲击和震撼，于是人们开始把神话传说中的巨人与这些疑惑联系到一起。

但有人并不这么认为，因为在现代，也照样有一些人的身材比较高大，比如 NBA 篮球队中就有很多高大的队员，我们也应把他们当作巨人族吗？

在专家们的进一步推测中，认为有两种人会被当作巨人，一种是因为基因的缘故长得很高大；另一种就是所谓的"巨人症"了。那么还有其他原因会使人的身体变得巨大吗？人体研究学者朗曼提出：会不会是古代的环境促成了巨人的成长，通过试验，研究者很快证实了生物 DNA 与生存环境有着极大的联系。由此，我们可以推测，在古代的某一个时期，气候条件非常好，生存环境非常宽松，有充足的食物，于是巨人出现了，他们是那个时代的产物。除了巨人，当时应该还有一些大型植物和动物。

对于巨人出现的推测是得出来了，可他们的消失呢？难道和恐龙一样也是由于环境破坏吗？这是一个至今仍没有答案的问题。

55. 世界文明的摇篮——苏美尔

苏美尔文明是全世界最早产生的文明，其开端可以追溯到公元前4000 年。苏美尔文明创造了令后人赞叹不已的文化，但是却在公元1000 年神秘消失了。

　　一个延续了 2000 多年的伟大文明为何突然停下了前进的步伐，是什么阻止了她的发展。

　　是内部战争吗？苏美尔由十多个城市国家组成，各国之间连年征战，烽火不息，人民深受其害，不过后来的乌尔第三王朝统一了美索不达米亚地区。这种可能性似乎不存在。

　　是外族入侵吗？苏美尔之后，闪族人在两河流域建立了著名的巴比伦文明，似乎是闪族人和巴比伦文明取代了苏美尔文明。那苏美尔人和他们创造的文明哪里去了，真的消失得无影无踪了吗？还是迁徙到别处去了呢？有一些历史学者认为：苏美尔人穿过印度，越过昆仑山，来到了中国，以致在印度文明和华夏文明中都有着或多或少的苏美尔文明的影子。可是这只是一种可能的推想，并没有得到完全证实。苏美尔人是否去过印度，是否来过中国，我们无法给出结论。

　　闪族人能够征服苏美尔人，建立巴比伦，说明苏美尔在消失之前就已经衰弱了。可是，是什么使苏美尔衰弱，并最终消失在两河流域呢？一个出人意料的可能被一些学者提了出来：生态环境的恶化最终导致了苏美尔的消失。从现在伊拉克地区大面积的沙漠来看，这种可能似乎也不是无稽之谈。苏美尔人不知道如何避免土地的盐碱化，只知道灌溉，最后导致大面积耕地不能种植，或者产量极低，以致百姓逃亡，城市荒芜。最终，苏美尔只能消失在一片沙漠中。

　　到底是战争，还是环境恶化，还是外来者侵入导致了苏美尔的最终消失，我们无法断定。或许各种因素皆有之，或许苏美尔文明真的来到了中国。

56. 一夜间消失的米诺斯

　　约公元前 2000 年至公元前 1400 年，米诺斯王朝成为爱琴海诸岛中最强盛的国家，各国对其俯首称臣，就连强大的雅典也被迫向它进贡。

但是，就在最辉煌的时候，米诺斯王朝突然在一夜之间化为灰烬，它建立起来的文明也在一夜间从地球上永远消失了。是什么让如此强大的国家在一夜间消失不见的呢？

经过不懈的研究，又遍查了史书资料，考古学家和地理学家们仍是无法对米诺斯王朝的消失得出正确的结论，后来，专家们总结出了几种说法，但也都缺乏充足的依据。

一种是火山爆发说。*1967* 年，美国考古学家在克里特岛以北，挖出一座被厚厚的火山灰覆盖着的古代城市。据考察，这可能是当地历史上最猛烈的一次火山爆发。那么，米诺斯王朝是否消失于这次火山爆发呢？

米诺斯王朝消失的真正原因是什么，考古学家们还在继续研究。

57. 紫红色的腓尼基

公元前 *19* 世纪，在地中海东岸，出现了一个以染制紫红色布料而闻名的国家"腓尼基"，号称"紫红之国"。腓尼基是一个奴隶制的城邦国家，除了染织业非常发达，其海上商业贸易也非常繁荣。它还有两个值得称赞的地方是：航海技术非常高，曾进行环非洲大陆航行；首创了欧洲早期的字母文字。可惜，这个高度发达的王国在公元前 *13* 世纪突然销声匿迹了。

其消失的具体原因并不是非常清楚。

由于腓尼基是一个城邦制国家，就是说国家的统一性不是很强，组成腓尼基王国的各个城邦如果各自为政，那这个国家就名存实亡了。不过，腓尼基有一个核心城市，那就是乌加利特城，它是决定腓尼基存亡的标志性城市。

传说，在公元前 14 世纪，乌加利特城发生了强烈地震，整个城市毁于一旦。但是，腓尼基当时并没有消亡，乌加利特城后来得到了重建。由此可见，腓尼基还是具有非常强大的经济实力的，一次打击并没有使它消失。

可是，是什么原因使这个不轻易消失的国家突然间毁灭了呢？

战争？侵略？

在今天伊拉克境内的亚述帝国曾经征服过腓尼基，可是亚述帝国并没有毁灭腓尼基。难道还有其他王国入侵吗？据一些资料记载，腓尼基所在地区经常发生战事。当时，航海活动非常活跃，一支被称为"海上民族"的力量逐渐崛起，这支力量在地中海沿岸四处活动，乌加利特城在公元前 13 世纪时被他们摧毁了。同地震一样，乌加利特城这次并没有彻底毁灭，不过却从此走向了衰弱。不断的战争使乌加利特城在各个王国之间转来转去，最终无法承受战火的煎熬，成为一片废墟。

紫红之国带着它那紫红色的传奇，也随着乌加利特消亡在历史的长河中。

58. 神秘衰亡的迈锡尼

著名的《荷马史诗》中，描述了一座遍地黄金，建筑宏伟的城市——迈锡尼。迈锡尼文明是希腊青铜时代晚期的文明，它由迈锡尼城而得名。约公元前 2000 年左右，希腊人开始在巴尔干半岛南端定居。从公元前 16 世纪上半叶起，逐渐形成一些奴隶占有制国家，迈锡尼文明也随之出现。

1867 年，德国人舍里曼因痴迷古代文化，对《荷马史诗》中的传说坚信不疑，最终成功发掘出了史料记载中的迈锡尼，使得这段尘封的历史被重新打开。

是什么导致迈锡尼文明的消失呢？关于它的消失，影响较大的有以下几种说法。

第一种说法是，多利安人的入侵导致了迈锡尼的灭亡。但是这种说法并不可靠，因为多利安人在迈锡尼灭亡之前，就已经进入了希腊大陆，如果是由于多利安人导致了迈锡尼的灭亡，就应该是多利安人刚进入希腊就发生的事情。可史实并非如此。

第二种说法是，所谓的"海上民族"的入侵灭亡了迈锡尼。埃及的一些古籍中记载着，在迈锡尼灭亡时期，有一个民族从巴尔干地区迁徙至近东地区，而这批人就被叫做"海上民族"。他们在迈锡尼附近制造了许多破坏。专家们推断，这个民族也入侵了迈锡尼，并造成了迈锡尼的消亡。但是，现有的资料都不足以证明这一点。

还有一种说法是，迈锡尼文明的灭亡是由于迈锡尼王国内部的冲突，比如社会最底层对于统治阶级的反抗，而这种内部冲突最终导致了国家的灭亡。

迈锡尼文明确实消失了，究竟是如何消失的，以上的说法中没有一个能站得住脚。

59. 被遗忘的赫梯

在西亚，有一个一度非常强大的帝国，那就是赫梯，它是由一个来自印欧语系的神秘民族建立的政权。赫梯之所以强大，与其强大的军事力量和不断对外扩张的政策是密不可分的。它曾经与埃及、亚述、叙利亚、腓尼基等众多国家交战，并且都以胜利结束战争。在经过了一系列战争之后，赫梯人以哈图沙为中心建立起了雄霸西亚的庞大帝国。

　　然而，强盛的赫梯帝国在西亚称雄几百年后，却逐步退出了历史舞台，神秘地消失在小亚细亚广袤的土地上。一个少有败绩、实力强大的帝国为什么会突然消失呢？而且消失得如此彻底，连一丝遗迹都没有留下，所有的秘密都埋进了土里。

　　历史上帝国的消失原因，无非就是强敌入侵、内部祸乱、自然灾害等情况。那哪一种适合赫梯呢？强敌入侵吗？赫梯的军事实力是周边所有邻国望而生畏的，似乎无人能威胁它。内部祸乱吗？这倒是有可能，皇权之争、利益纠纷在任何统治集团内都无法避免，不过也还不至于让一个帝国消失。自然灾害吗？也有可能，天灾人祸都是无法避免的。但是，大到能让一个帝国消失的自然灾害，总归应该留下点历史记载，可是，什么相关信息都没有被发现。

　　也有人说赫梯当时气数已尽，天灾人祸一定是同时加在了赫梯人的头上。这种说法似乎更为合理一些。可是，当时的赫梯到底发生了什么；谁与谁在争夺权力；发生了什么灾害；又是谁敢向赫梯挑战。有人说赫梯的都城哈图沙当时被大火烧掉了，亚述似乎也是在那时重新崛起的。可是，历史事实并不是很清楚。或许，只有深埋在地下的文物才能够真正揭开赫梯神秘消失的面纱。

60. 消失在战车上的亚述

　　在今天的伊拉克境内，曾经出现过一个非常强大的帝国，那就是亚述，它统治这片区域达两千年之久。说它强大，从它的军事力量上来看最为明显：它的军队兵种齐全，有战车兵、骑兵、重装步兵、轻装步兵、功城兵、工兵等，还有投石机和攻城锤等攻城器械。凭借着强大的军队力量，它与叙利亚、巴比伦、埃及、巴勒斯坦、腓尼基等国家进行了多次战争，并取得了大多数战争的胜利。但是，这个既富又强的帝国，在公元前7世纪末期却突然从历史上消失了，它那滚动了约两千年的战车车轮突然停止了转动。

我们不禁要提出疑问：是什么让这个强大的帝国消失了呢？

有人说最强大的敌人出自萧墙之内。是亚述帝国内部为争夺财富和权力相互火拼的结果吗？还是统治阶级的强权使下层人民承受不了重压揭竿而起了呢？如果是这两种原因，按照中国的历史发展规律，应该留有一部完整的朝代更替史。可亚述没有，亚述是彻底地从地球上神秘消失了。

再看看现在的伊拉克，是一片沙海，难道是沙漠吞没了强大的亚述帝国吗？亚述之城被埋葬在黄沙之下了吗？可是，两千多年前，伊拉克的环境应该还没有这么恶劣，还不至于让一个庞大的帝国消亡。再说，现在的伊拉克人民也还生活在那里。

也许应了中国一句古话"成也萧何，败也萧何"，是战争毁灭了亚述。就在亚述消失前的那段时间，战火烧得更旺，或许正是亚述自己点燃，并燃烧了几千年的战火烧毁了自己。但是，令人不解的是，军事力量非常强大的亚述怎么会失败呢？其实，如果周边国家联合进攻亚述，这个问题似乎就可以解释了。很可能，最后是一把大火烧毁了亚述的城池，也烧毁了整个亚述帝国。

61．绝尘而去的奥尔梅克

3000年前，地球上的大部分地方，也许还处于蛮荒状态，可是在中美洲的墨西哥湾海岸，已经出现了奥尔梅克文明。奥尔梅克人在高原上建造城市，雕刻石像，并向外发展他们的文明。奥尔梅克曾经非常强盛，因此最终成为中美洲的文明之母。

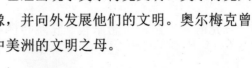

奥尔梅克文明之所以被认为是中美洲文明的"母亲"，是因为后来在中美洲很多地方，都找到了带有奥尔悔克风格和标记的陶器，而奥尔梅克人正是用优于其他文明的手工业技术，把他们的文化传播到了其他地方。所以有些科学家认为，奥尔梅克文化比美洲任何其他地区的文化都先进。

奥尔梅克文化，包括遗留至今却仍然恢弘的宫殿、奇特的陶制品、还有那些人形虎图案等。当然，其中最著名的还是奥尔梅克特有的雕像，这些雕像大多都是巨大的头部特写，它们具有浓郁民族特色的厚厚的嘴唇、深邃的眼睛，其高超的雕刻工艺，连几千年后的我们都叹为观止。它们不仅体积巨大、栩栩如生，而且更令我们感到不可思议的是，雕刻这些石像用的石头都是从 4 千米外的地方取来的。在没有运输工具的 3000 年前，奥尔梅克人是怎么把这些巨石运过来的？不仅如此，他们还把这些巨大的石头雕刻成了精美的石像，这其中的力量与智慧不得不令我们赞叹。所以，科学家们一致认为，这些石像应该是奥尔梅克文明的标志。

但是奥尔梅克文明却在阿兹特克帝国崛起之前 1500 年突然消失了，没有人知道是什么原因。在他们的遗迹中，也没有发现任何可能导致他们消失的痕迹。

那么，奥尔梅克文明究竟是怎么形成的，又是怎么消失的。目前，没有任何人能回答这个问题。也许，随着考古的深入，人们会发现一些更有研究奥尔梅克文明的价值的东西。

62. 大洋底的亚特兰蒂斯

公元前 4 世纪，古希腊哲学家柏拉图在《带迈欧篇》中，描写了亚特兰带斯帝国的产生、命名、繁荣富足和毁灭的过程。

起初，人们只是把它当作一个神话传说来看待。到 1881 年 7 月，一个偶然的机会，许多犹如 18 层楼高的石塔在大西洋的海底被发现后，人们惊奇地发现，石塔周围有两道屏障和三条深沟，组成一个同心圆的保护圈，而在《带迈欧篇》的描述中，那是海神为自己和心爱的人所筑的家园而设置的保护圈，两者竟然惊人地相似。难道亚特兰带斯真的存在吗？如果存在，它又为什么会沉入海底呢？

1968 年，科学家们经过进一步勘探，在大西洋的海底发现了一座古代的寺庙。在比米尼岛附近的海下 5 米处，还发现了巨大的石头群，这些石头有明显的被加工过的痕迹，而其布局与传说中的亚特兰带斯很像。

科学家们从一些石块上取了一些树根化石，回去后进行了仔细研究，根据对这些化石的研究判断，那些海底建筑至少存在了 12000 年了，而当时它已经是一个拥有青铜器的高度文明古国了。那么，这么一个拥有高度文明的国家，又是如何神秘消失的呢？难道真像神话传说中的那样，是被海神所毁灭的吗？

英国地理学家刘易斯认为，它的沉没或许是因为它所处的地理位置正是在两个板块之间，在一次强烈的地壳运动引发的火山爆发中，整个文明灭绝了，并沉入了海底。

美国天文学家福斯特却说，当年，地球曾与一颗小行星发生了碰撞，使得大西洋深处的地质结构发生了变化，亚特兰带斯成了这种地质结构变化的牺牲品。

也有史学家认为，地球曾经历过特大洪灾，而亚特兰斯就是在特大洪灾时期沉入海底的。

哪一种更具说服力呢？

63．一夜消失的巴国

巴国是先秦时期的一个小王国，曾经十分兴旺，但在2000多年前，它却神秘消失了。很长时间以来，有关巴国的传说很多，但实际上能找到可以考证的遗迹却不多。

后来，考古专家在四川罗家坝发现了一处遗址，并从中发掘出了春秋战国时期的一大批珍贵文物。根据这些文物，专家推测，这座古墓可能就是数十年来他们一直在寻找的巴人王陵。

据专家推测，巴人的足迹曾经遍布了大半个中国，最后在重庆停下了前进的脚步。不久后，巴国灭亡了。

那么，巴国又是怎么消失的呢？

有人推测，战国后期，巴国内部发生了战乱。巴国向楚国借兵以平定内乱，其答应战后划给楚国三座城市。战乱平息后，巴国的将军为了保住城池，委婉拒绝了割地的协定。楚王一怒之下灭了巴国。

还有些人说，当时巴国的社会经济非常落后，国内正在进行改革，但是改革也使得国内危机四伏。而这时，秦国通过长久的变法，已经为统一天下奠定了坚实的基础。公元前316年，秦国开始了统一中国的行动。在灭掉了蜀国后，秦国大军就直入巴国。巴人与入侵者进行了殊死斗争，在死了无数人、失去了无数城池之后，巴国最后幸存的十多万人撤到了鄡都。（今丰都，距重庆市172千米）。巴人誓死保卫这最后一块属于自己的领土。在付出严重的代价后，秦军终于攻入了鄡都。然而就在这时，却发生了谁也想不到的事情：巴国将领带着十几万军民在一夜之间全没了踪迹，巴人留给秦军的是一座彻彻底底的空城。

巴人的举国失踪，更成了举世瞩目的历史之谜。至今，对于巴国神秘消失的原因，专家们也只是仍在进一步考证中。

64．九鼎失踪

大禹建立夏朝后，他下令铸造了九个大鼎，寓指当时的天下九州。从此，九鼎成为国家统一的象征、国之重器，它们随着朝代的更换而跟着更换主人。

曾有个"问鼎"的故事，说明了九鼎在当时人们心目中的位置。公元前 *1046* 年，武王姬发建立周朝，各诸侯并立于世。可是到了东周的春秋时期，诸侯开始争霸。楚庄王渐渐占了上风，他就开始觊觎周天子的位置。有一次，他征战时路过周朝都城，当时周天子已经没什么实权了，为了讨好楚庄王，就派大夫王孙满去慰问楚军。楚庄王就问王孙满："听说大禹的九鼎是镇国之宝，现在在都城洛邑，不知这几只鼎是什么形状？有多大？多重？"这句话表明他有取周天子而代之的想法。

九鼎前后传了三朝，约两千年。到了周朝末年，战火连连，九鼎竟然神秘失踪了！直至今天都没有人能够找到它们。

关于九鼎的失踪，人们一直都争论不休。

有人认为，其实早在周显王时期，九鼎就不见了。传说是周显王四十二年，九鼎在被转移的过程中沉入了彭城泗水。后来，西汉时汉文帝听说了这件事，就在汾阴修了一座庙，希望九鼎能重新出现，可惜，直到他去世，也没能见到九鼎的影子。

也有人说，九鼎是秦朝末年失传的，持这种说法的人根据的是司马迁《史记》中的记载。里面说周显王死后，秦兵从洛邑找到了九鼎并带到秦国，而九鼎失踪的地点既有可能是彭城泗水，也有可能是关中。

还有一种说法是，周朝末年，周国的国力渐渐衰退，为了补充财政上的困难，周王将九鼎熔化后铸成了铜钱，但为了不引起公愤，避免各诸侯都来兴师问罪，对外就谎称九鼎失踪了。

65．不知所终的和氏璧

中华民族是个爱玉的民族，而中国历史上最传奇的玉石莫过于和氏璧了，围绕着它曾发生过一幕幕可歌可泣的历史故事。它奇异现世，几经周转，后被视为稀世珍宝，曾引起兵戈纷争，最后又神秘失踪，留给后人无尽的想象。

关于和氏璧的来历，有一个既美丽又辛酸的传说。传说春秋时期，楚国人卞和在楚山里得到一块玉璞。卞和把玉璞献给楚厉王，但却被楚厉王误认为是一块普通的石头，他因此失去了左腿。楚厉王死后，武王即位，卞和再次带着玉璞觐见武王，同样的原因，他又失去了他的右脚。楚文王继位后，命人剖开这块璞玉，真的得到了一块稀世宝玉，并雕成了玉璧。为了奖励卞和的忠贞，文王把玉璧命名为和氏璧。

楚文王得到和氏璧后，就当宝贝珍藏着。400年后，楚威王将和氏璧奖给了相国昭阳。一次，昭阳拿出和氏璧让众人观赏，没想到观赏的人散开后，和氏璧居然不翼而飞。

又过去了50年，一个叫缪贤的赵国人在市集上用很便宜的价格买了一块玉。然而经玉工鉴别后发现，这块玉竟然就是失踪多年的和氏璧！

赵惠文王听说了这件事，就把和氏璧强占为己有。再后来，秦昭王也知道了，就写信给赵王说，愿用十五座城池换取和氏璧。赵王慑于秦国威力，派蔺相如奉璧出使秦国。蔺相如设计骗过了秦王，完璧归赵。

公元前 228 年，秦国攻灭赵国，和氏璧最终还是落入秦国手中。可不知道为什么，从此历史记载中再也没有有关和氏璧的消息，和氏璧就这样不明不白地消失了。

清代以后，人们开始对和氏璧的真实性产生了怀疑，乾隆皇帝在《卞和献玉说》中，认为这只是韩非子的寓言而已。时至今日，仍是无人知道它的下落。

66．失踪的阿波罗神像

被喻为世界七大奇迹之一的太阳神阿波罗巨像，当初坐落在罗德岛。在古希腊神话中，罗德岛风光秀丽，气候宜人，它是太阳神阿波罗的封地，以阿波罗爱妻罗德斯的名字命名。

罗德岛上存在过三个城邦，即卡米诺斯、莫诺利索斯和林佐斯。后来，这三个城邦统一成罗德国，其富裕程度让其他大国垂涎不已。马其顿国王曾经派出大队人马，入侵罗德岛。全岛居民奋起反抗，终于击败了侵略者。

为纪念这次胜利，罗德岛居民把马其顿军队丢弃的铜制枪械收集起来，熔铸成一座太阳神阿波罗神像，以此来感谢阿波罗对他们的保佑。

铸造巨像花费了整整 12 年的时间。据记载，建成后的巨像高约 33 米，重 12.5 吨，手指比人高，脚内可以使人居住；巨像中空，里面用石头和铁柱加固，外包青铜壳；它头戴太阳光芒的冠冕，左手执神鞭，右手高挚火炬，两脚站在港口的石座上，船只可以从其胯下进出。在古希腊，建造 10 米左右高的雕像并不罕见，但如此巨大的雕像却是空前绝后。

　　然而，如此辉煌的巨形雕像只存在了 *50* 多年。公元前 *225* 年前后，罗德岛连续发生毁灭性的大地震，太阳神像就此倒下了，只留下台座和两条小腿。

　　神像巨大的身躯倒在地上，任凭风吹雨打。约 *900* 年后，阿拉伯人侵入罗德岛，发现了躺在地上的巨像残骸。他们费了九牛二虎之力，把残骸运送到叙利亚，卖给了一位商人。据说那个商人用了 *880* 头骆驼才把残骸运完，然后巨像就不知去向了。又有人说，巨像倒塌不久后就被人盗走，但贼船在海上遇风暴沉没，铜像埋在了深深的海底。

　　铜像现在究竟去了哪里，恐怕只有阿波罗自己才知道。

67. 大石墓中邛人的秘密

　　在中国早期历史上，西南地区有一些独特的民族群体，邛人就是其中一个非常神秘的部族。正是因为这个部族神秘，所以历史上对邛人的事迹少有记载。但是 *20* 世纪 *70* 至 *80* 年代，在四川安宁河沿岸发现的大石包，逐步揭开了邛人的神秘面纱。这些大石包实际上是邛人的二次合葬的墓穴，每个墓穴有几十人到二百多人不等，这样的墓穴共有二百多个。据此推论，邛人的规模至少在 *20000* 人以上，在当时可以说是一个非常大的部族了。如此大的一个部族是如何突然消失掉的呢？

　　据史书上的一些零星记载：邛人主要集中在邛都地区，他们豪爽尚武，民风剽悍。跟其他民族一样，邛人亦曾醉心于拓植疆土。他们与笮人交过战，与实力相当的夜郎、滇人也有过摩擦，与秦朝也曾兵刃相见。到了汉代，邛人空前孤立，随之而来的则是连绵不断的征战。面对同样强大的笮人，邛人没有任何优势，开拓疆土成为一个遥不可及的梦想；与大汉王朝，邛人也是一直交恶，汉军大举压境，邛人节节败退；其他西南少数民族在此时趁机强占了邛人的地盘。内外交困之下，在留下二百多座大石墓后，邛人忽然从历史上神秘消失了。没有人知道，他们是举族迁徙到了一个不为人所知的世外桃源，还是在无休止的征战中已不剩一兵一卒。

邛人消失了，他们把所有的秘密都埋藏在大石墓里了。在当时战争不断、内外交困的情况下，邛人仍然不断修建大石墓，这说明似乎有一种神奇的魔力，令他们对大石墓异常着迷。难道他们预见到灾难即将到来，想在大石墓中躲过一劫，还是想在大石墓中逃避现实中的战争困苦，没有人能够回答这个问题。

68. 消失的尼雅

据《汉书》记载，西域小国精绝国有着高度发达的文明，居民的生活富足而和平，后来突然就消失了。有人推测，它就是传说中的尼雅。

1905 年，英国探险家斯坦因在塔克拉玛干沙漠深处，发现了消失已久的尼雅古城。

1995 年，经过一个月的挖掘，中日考察队在尼雅挖掘出大量的珍贵文物：依然矗立的大木柱子、有汉字的木简、工艺精湛的金银器皿、佛寺、墓地等。这些不仅证实了这座古城就是人们猜想中的尼雅，而且在向人们展示着它昔日的辉煌和高度的文明。

这样一个辉煌的城市又是怎么消失的呢？

有人说，这可能与沙漠的干旱气候和流沙的袭击有关。由于尼雅地处"死亡之海"塔克拉玛干沙漠的深处，常年干旱，饮用水缺失，致使人口逐渐减少，再加上流沙的不断侵袭，于是尼雅古城就渐渐地沉没了。

可是，斯坦因在尼雅发现的一个玉碑，似乎向人们展现了一个更为离奇的答案。这个玉碑上雕有三幅内容相关的图：第一幅是三个巨大的椭圆形漂浮物，正向地面上四散而跑的人射出奇怪的光线；第二幅是这些漂浮物已停在地面，而人们正排队走向它上面打开的圆形洞里；第三幅是两个样子不像地球人的小矮人，正向椭圆形物体走去，他们戴有圆形的透明帽子，手里拿着一件闪闪发光的东西。

这三个椭圆形物是不是极像飞碟呢？那两个小矮人是不是外星人呢？难道这与尼雅国的消失有关吗？美国考古学家昂斯纳认为，这是尼雅人记载下来的外星人采矿图。这些外星人不但带走了地球上的矿物，还带走了大量的尼雅人，这也许真的是这个古城最终消失的原因。

无论如何，这些都仅仅只是猜测，而造成尼雅国消失的真正原因，至今仍是一个谜。

69. 边陲的古夜郎国

著名成语"夜郎自大"饱含贬义，让秦汉时期屹立在我国西南边陲的古夜郎国，至今仍然能够妇孺皆知。不过，绝大多数人对夜郎国的了解，可能也只限于这个夜郎自大的故事。事实上，夜郎国是我国历史上一个实力非常强大的地方政权。它从战国时期就存在，直到西汉末年才衰弱，延续了300多年的历史，一度曾拥有10万大军。司马迁《史记·西南夷列传》中曾说："西南夷君长以什数，夜郎最大。"

不过这个雄踞西南的古国在西汉末年却神秘消失了，史书上对它的记载只是寥寥数语，这给它蒙上了太多的神秘色彩。它是由哪个民族建立的政权；他们奉行的是什么样的社会体制；为什么在建国300多年后突然消失了；它的遗民到哪里去了；现在对西南地区的考古工作正在进行，人们希望能够发现更多的资料，以揭开这个神秘古国的面纱。但是，在此之前，人们只能对夜郎国的突然消失提出种种猜想。

根据历史资料显示，夜郎国消失，最可能的原因是被强大的汉王朝消灭了，但是这种解释也带来了很多疑问。汉王朝对西南少数民族政权并没有过大规模的征服，而夜郎国在秦汉两个庞大王朝时期生存了300多年，自然有它的生存之道，不会突然间就灰飞烟灭了。

还有一种可能：夜郎国周围除了汉国，还有古滇人、邛人等少数民族政权，力量也很强大，会不会是这些民族的入侵，毁灭、同化了夜郎人呢？

而以上两种猜测都不会使夜郎突然之间消失得无影无踪，而能够达到这种结果的似乎只有自然灾害。在西南山区中，地震、洪水、泥石流等灾难时常发生，夜郎人是不是被这些无法抵抗的灾难埋在了大山底下呢？

70. 寻找圣杯

基督教的圣物"圣杯"据说是耶稣在最后的晚餐中使用过的酒杯，也是门徒约瑟在耶稣被钉在十字架上时，用来接耶稣鲜血的杯子。英国的亚瑟王曾进行过大规模的寻找圣杯的行动，无数基督教的信徒也在不断地寻找圣杯，不过至今没有找到关于圣杯的关键线索。

圣杯到底在哪里，我们并不清楚，但是耶稣死后，圣杯曾被辗转运送到过很多地方，这或许能给寻找它的人提供一丝启发。

据说，约瑟在耶稣死后，携带着圣杯经过罗马到达法兰西，并最终在英国的格拉斯顿伯里城定居。也就是说，圣杯最终被藏在了格拉斯顿伯里城的某处，这也是绝大多数基督教徒所认为的。但是，圣杯被带到格拉斯顿伯里城后就再也没有出现过，永远地从人们视野中消失了，留下的只是一处据说流淌着红色泉水的地方，传说那是耶稣的血染红的。

但是，还有很多传说，说明圣杯在罗马、法兰西不仅路过，而且停留过，甚至，罗马教廷的执事——圣劳伦斯僧侣还企图把圣杯运回他的家乡，但是最终他遭遇了悲惨的结局。圣杯是否真的被其运回家乡，或者途中丢失，后人不得而知。

也有人说，圣杯现在还保存在西班牙瓦兰西亚大教堂的一所附设礼拜堂里，并且还有人能准确地描述出杯子上面镶嵌的宝石和杯子的形状及大小。但是，耶稣的杯子应该不会镶嵌有宝石，这个杯子的真假值得怀疑。重要的是，据说为了避免战争的毁坏，西班牙国王曾两度转移过圣杯，这当中是否发生过意外，也是一个疑点。

似假似真的关于圣杯的传说，使圣杯的最终去向变得神秘起来，寻找圣杯的道路也变得更加艰难。

71．重新发现的古滇国

两千多年前的某一天，风和日丽，人们欢聚在王国的首都，享受着难得的热闹时光；有几个穿着不同时装的"外国人"穿行在热闹的人群中，特别显眼，他们是远方来的外国使节，此行是要向滇王进贡；有四个人抬着一顶肩舆从广场经过，肩舆上坐着一个贵族妇人，周围的人纷纷向她行礼。

在这热闹集市的一角，却有着截然不同的另外一种景象：有个男子被绑在广场的巨柱上，看样子他将受到刑罚。

这是发生在两千多年前，古滇国的一幕逼真的画面。这些景象并非凭空想象，它们刻画在古滇国出土的青铜器上。从这些场景中，我们可以窥见古滇国人的真实生活。

20世纪50年代，这些青铜器在滇池附近被研究人员发现，后来在这里又发现了一枚金印"滇王之印"。《史记》对这枚金印有过记载，那是公元前109年，汉武帝赐予滇王的。司马迁在《史记》里曾说，云南有个被称为"滇"的国家。但此后，除了《后汉书》和《华阳国志》引述了司马迁的记载，没有人再提起过这个国家。

研究人员为找到这个神秘的古老王国感到非常兴奋，但同时，他们也非常困惑，这个古滇国为什么会突然销声匿迹，一群伟大的创造者，怎么会突然就退出历史的舞台，而没留下任何线索。如果不是偶然在滇池附近发现了这些青铜器，可能我们永远也不会知晓，在两千多年前，云南昆明附近还曾经有过一个非常发达的古代文明。

这个古老王国像是突然之间出现的，又在突然之间消失得无影无踪。

72. 中东"玫瑰红"的陨落

佩特拉城曾是纳巴泰王国的首都，在希腊语中是"岩石"的意思，因为它所有的建筑都是在玫瑰色的山岩上开凿而成的，所以又被叫做"玫瑰红"。

佩特拉城一度是纳巴泰人的商业枢纽。公元106年，古罗马人接管并统治了它，佩特拉城在罗马人的统治下也兴旺了一段时间。但在佩特拉后期，古罗马的统治者们把注意力都投到了铺筑商道上，他们不断地改进交通设施，越来越多的货物开始通过亚历山大港运输。同时，佩特拉的陆地运输也因为新线路的开通而逐渐衰退。就这样，佩特拉逐渐失去了对运货通道的控制权。而正因为如此，使得佩特拉发生了翻天覆地的变化，其经济实力大大减弱，到了公元 3 世纪，整个城市开始衰弱。

可就算是失去了对运货通道的控制权，它也可以生存的，许多并不如它繁华的城市都生存下来了，它又为什么会消失呢？

有科学家分析，可能是环境的恶化造成了佩特拉的衰亡。佩特拉兴旺时期，随着城市人口增多，人们为了满足日益增加的住房需求和燃料需求，砍伐了大量的森林，使这里慢慢变成了沙漠地带，而周围环境，也无法再为日趋增加的人口提供足够的食物和燃料，迫使人们不得不离开了这座曾经繁华的城市。

还有史学家分析，导致佩特拉城衰亡的原因可能是天灾。因为在公元 363 年，佩特拉城发生了一场可怕的地震。地震后，许多建筑物变成了废墟，同时由于这里繁华已不再，许多屋主便放弃了修缮房屋而改为背井离乡。公元 551 年，有一次严重地震袭击了佩特拉城，给本就苦不堪言的居民们雪上加霜。于是，更多的人选择了背井离乡，由于人们的放弃使整个城市彻底衰亡了。但这一说法也还没有被证实。

73．梦回楼兰

很多人听说过"楼兰古国"，可楼兰究竟是怎样一个国家呢？它在哪里呢？又是怎样消失的呢？

其实，司马迁曾在《史记》中对楼兰做过较全面的描述，他把楼兰描述成一个风景迷人，美丽富饶的国度。由于是丝绸之路的重要枢纽，该地区贸易发达，楼兰古城也因此变得繁荣昌盛。

虽然种种迹象都表明，楼兰古城的确曾经存在过，可是在一次次的寻访中，人们却始终没有发现它。直到 *1901* 年，瑞典探险家斯文·赫定（Sven Hedin）等人，在塔里木河东侧的孔雀河下游无意中看见了一个废弃的城市，有城墙、街道、房屋、烽火台……随后的数十年间，人们对这里进行了大规模的发掘，楼兰才像一个姗姗来迟的贵妇，向我们呈现了她昔日的面貌。

可是如此繁荣的城市，不知什么原因，只存在了五六百年的时间。公元 *4* 世纪左右，也就是从我国史上的东晋十六国时期之后，再也没有了有关楼兰古城的记载。这是为什么呢？

从第一次发现楼兰古城至今，一个世纪过去了，人们对楼兰古城的消失还只是停留在猜测的阶段。

有的研究人员说与我国古代的战乱频繁有关。楼兰地处沙漠，又是军事要地，战争不仅洗劫了楼兰，而且破坏了它的植被、交通和商贸地位。如果自然环境和对外交通被破坏，楼兰就有毁灭的可能。

有的研究人员说与饮用淡水有关系。由于楼兰的唯一淡水源——孔雀河干涸了，楼兰人失去了生命的依托，于是人们为了活命而大批转移，这座古城终因人去楼空而消失。

还有的研究人员说是因为罗布泊是个游移湖，水是人们生活中不可或缺的必备物，而楼兰是依水而建的，如果罗布泊游移不定，人们就会渐渐离散，于是楼兰就消失了。

74. 同古罗马城说再见

在环地中海地区，曾有一个横跨亚非欧的帝国——罗马帝国，其首都古罗马城则被称为"永恒之城"。但不知是何种原因，这个"永恒之城"消亡了。

据史书记载，公元 *410* 年，哥特人攻打了罗马，虽然并未给罗马带来毁灭性的伤亡，但造成了罗马帝国 400 多年来第一次惨败，罗马人在心理上很难承受，以至于整个国家的斗志极低。所以，就有学者认为，古罗马城是由于哥特人的攻打而最终消亡的。

但是 1969～1976 年，考古人员发掘了 4 世纪末 5 世纪初的罗马人墓群，共找到了 450 具骸骨，发现这些骨头多数都铅含量超标，是正常人的 80 倍以上，而其中幼儿骸骨中的铅含量则更多。在发掘罗马帝国的贵族、王公的墓葬时，也发现了一些十分奇怪的黑斑。经分析后发现，原来这些黑斑是硫化铅，它是由沉积于骨骼中的铅与尸体腐烂时产生的硫，发生化学作用而产生的。

研究者们推断，在古罗马城消亡前的几百年中，罗马人对他们的供水系统非常引以为傲，而这些供水系统通常都以铅管输送饮用水。不仅如此，他们还用铅质的杯子喝水，用铅质的锅做饭，还用铅制的器皿储存糖浆和酒。他们甚至在制作葡萄酱时还要加进铅丹（即四氧化三铅），妇女们的化妆品中也含有大量的铅……天长日久，罗马人普遍发生了铅中毒，尤其是那些用铅较多的贵族。

由现代医学得知，正常人即使吸收微量的铅，对生殖能力也有影响，体内大量积累铅，更是能引起流产、死胎和不育。所以，就有史学家分析，罗马人很可能因为生活中铅的大量侵入致使帝国覆亡。

难道古罗乌城真的消亡于铅这个化学元素吗？

75. 疑惑重重的玛雅文明

自公元前 1500 年开始，美洲的玛雅人创造了伟大的玛雅文明。可就在最为鼎盛的 10 世纪，玛雅文明却突然急剧衰落，最后消失不见了。

20 世纪 60 年代，当人们可以进入太空后，参与过宇航研究的美国科学家们才知道，1952 年，在玛雅古城发掘出的一块石板上，刻的是一幅宇航员驾驶宇宙飞行器的图画。这实在是太令人难以相信了，难道那时的人就可以进入宇宙空间吗？

于是有人提出了一个大胆的设想：那时外星人来过这里，玛雅文化中那些令人难以理解的知识可能就是来自于外星人的传授，而那个雕刻则是玛雅人对外星宇航员的临摹。外星人离去后，祭司曾预言他们返回的日子，但他们并没有出现，玛雅人于是信心顿失，人心涣散，一个个离开了这里，玛雅文明就这样慢慢消失了。

两个美国人在研究了玛雅的历法后，认为这是玛雅人绘制的自己故乡的历法，这种历法在太阳系中没一个星球可以适用。据这一推测，玛雅人可能就是外星人了。他们来到地球上是为了采矿，后来，由于印第安人将玛雅文明占为己有，他们迫不得已才又飞回故乡。

这种说法遭到了一些专家的否定，认为其假说成分太多。但玛雅文明中那些不可思议的内涵和它的消失，却没有人可以给出圆满的解释。

还有人认为，玛雅文明的消失可能是因其森严的等级划分。当那些掌握知识的贵族层消失后，自然带走了玛雅文明。

英国一位历史学家认为，玛雅是一个农业国，可这里的人却采用的是一种严重破坏生态环境的耕作法，最终导致民不聊生，人们于是弃城而去了。

科学家将玛雅文明的发展与太阳活动的周期放在一起研究后发现，干旱与玛雅文明的最终灭亡有很大的关系。

76. 西夏文明的消亡

妙音鸟在梵语中叫"迦陵频伽"，是传说生活在喜马拉雅山中的一种神鸟，它的叫声非常动听，外观则是人画鸟身的怪兽。*1972* 年，考古工作者在西夏王陵的遗址中，发现了这种鸟的雕像，其雕刻手法达到了较高的水平，可与埃及的狮身人面像媲美。

西夏王陵是我国现存最大的地面原始遗址，也是我国保存最完整的帝王陵园之一。在这里的考察中，专家们发现，这个曾盛极一时的王朝，在很多方面都有较高的成就，农业、建筑、佛教、文字、文学、印刷术等方面都很发达。

这个在历史上存在了 *189* 年的王朝，是在 *1038* 年，被一个叫李元昊的党项族首领建立起来的。在他的领导下，西夏军队纪律严明，疆域不断扩大，经济繁荣昌盛。西夏人在文化上广泛地吸收其他民族的特点，所以形成了多彩的文化特色。这一点也可以从王陵的奇异形状和布局上看出来。但是，西夏文明在后世的史料记述中极少出现，似乎一下子就神秘消失了。

那么，这样一个历史上十分发达的文明是怎么消亡的呢？

根据专家们的分析和考证，最大的可能就是西夏国被蒙古军消灭了，西夏文明也被彻底毁灭了。蒙古军在成吉思汗的带领下，曾把自己的版图扩大到了亚欧大陆，所向披靡，可在他们征服西夏国时，却遇到了强有力的抵抗，以至于当他们付出惨重代价攻下西夏国时，对这里的一切进行了毁灭性的破坏，曾盛极一时的西夏国就这样消失了。

77. 洞里萨湖边的吴哥王朝

吴哥王朝约建于公元 *802* 年，*12 ～ 13* 世纪时最为辉煌，建造了许多宏伟的建筑。吴哥遗迹位于柬埔寨西北部暹粒省洞里萨湖北，主要分为吴哥城和吴哥窟。

吴哥城，也叫大吴哥，占地 10 平方千米，是高棉帝国最后一座都城，由高 7 千米、长 3 千米的城墙围着，共有 5 个城门，城门两侧有七头龙的石雕，据说这是柬埔寨始祖的神像。昔日辉煌的宫殿如今已是残垣断壁，但中心寺庙贝雍寺的 54 个佛塔却依旧整齐完好。每座塔的四面都雕刻着巨大的微笑着的脸庞，举世闻名的"吴哥微笑"就源于此。

吴哥窟，也叫小吴哥，意思是"寺之都"，距大吴哥 3.3 千米，是吴哥王朝最辉煌时期的建筑。当时的国王费 30 万劳工之力，耗时 37 年才建成。该寺总占地 195 万平方米，全是由石头建成，共用了 30 亿吨石头，其中还有一块石头重达 8 吨。

当时的吴哥城不仅是王国的首都，而且是国王的寝宫、全国的宗教圣地和文化活动的中心，所以建筑十分宏伟，庭院宽敞，有各种精美的浮雕。而吴哥窟的主殿有二十多层楼高，分为三层。寺庙的建设，无论是从建筑技术，还是艺术成就上来看，都可以称之为"奇迹"。700 年前，中国元朝大臣周达观曾到过吴哥王朝，他亲眼目睹了吴哥王朝的强盛与吴哥窟的雄伟，后来在他的著作《真腊风土记》中，称吴哥窟为"鲁班墓"。

可惜，美好事物的出现总是短暂的。这个辉煌的王朝只存在了 600 年。15 世纪时，它突然被人们遗弃在洞里萨湖边的古森林中，直到 19 世纪，才被法国博物学家亨利·莫霍（Henri Mouhot）发现，继而闻名于世。而究竟是什么原因使它一夜之间消失了，至今还是一个谜。

78．消失的南极文明

关于人类文明究竟发源于何地，流传的说法很多，但是有一种文明长期被人们忽视了，那就是神秘的南极文明。

南极文明的存在，这一说法得到了很多科学家的支持，其中包括非常著名的科学家爱因斯坦。但是能够证明南极文明存在的最为有力的客观证据，或许就是一张绘制于 16 世纪初的古老地图。在地图上，南极大陆的板块与现在基本相似，但是，地图上明显地绘有河流、山脉等，而这都是适合人类居住的地理环境。科学家正是据此推想，很久以前，南极大陆还没有被冰雪覆盖，人类生活在温暖的南极大陆，人们创造了高度发达的文明，并通过船只把文明的火种播到了世界各地。

然而，如此繁荣的人类文明不知为何突然消失在冰天雪地之中。这个问题一直困扰着科学家们。是什么力量毁灭了南极文明？是星际灾难？是内部冲突？是自然灾害？科学家们至今没有探寻出明确的答案。

但是，经过数百年的考察和研究，科学家们也有一些猜想，或许可以稍稍拨开南极文明消失的神秘面纱。一种说法是，很久以前的某个时候，大陆板块发生了比较剧烈的运动，南极大陆沉入了海底，南极文明也随之沉入了海底，消失在一片汪洋之中；另一种说法是，在南极厚厚的冰山下面，有关南极文明的宝藏非常丰富，是逐渐变冷的天气冰封了南极大陆，也冰封了南极文明；还有一种说法是，南极文明并没有真正地消失，而是迁徙出了南极大陆，如果可能的话，埃及人或者闪族人就是南极文明火种的继承者。

不管是哪种可能，在大量的考古资料出现之前，南极文明和她消失的神秘面纱始终都不会被揭开。或许南极文明并不存在，或许她就被封在冰山下，或许她正静静地躺在海底，或许……

79. 阿兹特克帝国的消亡

阿兹特克族人是印第安人的一支，原本只是一个居无定所的游牧民族，游荡在贫瘠的北方。在公元 *1200* 年左右，阿兹特克族进入墨西哥河谷，并且定居在了查普尔特佩克。由于他们崇尚武力，所以不断侵扰其他的部落，于是那些部落就联合起来对阿兹特克族进行征讨。尽管阿兹特克族人骁勇好战，但毕竟势单力薄，结果他们的一部分人被抓做俘虏，另一部分人则逃到了一个湖心小岛上。在这个小岛上，他们征服了原有的居民托尔特克人，并且在这里世代繁衍生息，使岛上的人口一度达到 *30* 万，成为当时世界上最繁荣的地区之一。这个小岛就是阿兹特克帝国的中心——特诺奇带特兰城。今天的墨西哥城，就建在昔日繁华的特诺奇带特兰的遗址上。

在阿兹特克帝国时期，宗教的势力极为强大，宗教又促进了阿兹特克经济的发展，而经济的发展又推动了阿兹特克人的教育、天文学、历法、文字、艺术等各方面的发展，使阿兹特克帝国更加繁荣昌盛。

然而，令人意想不到的是，繁荣的阿兹特克帝国在 *16* 世纪中叶突然消亡了。

有人说，阿兹特克帝国是毁于西班牙殖民者之手；也有人说，阿兹特克的消失主要还是他们自己的原因。

但这些也仅仅只是传说，阿兹特克帝国消亡的真正原因还等着我们去探索、发现。

80. 寻找《永乐大典》

明朝初年纂修的《永乐大典》是一部罕见的图书典籍。当年明成祖朱棣命令三千多文臣，辑录了从先秦时期到明朝初年，包括天文地理、人事名物等各种典籍著作，共 *11095* 册，组成了世界上最早、最宏伟的百科全书。由于当时全部是用手工整理，所以一直没有重印，只是在嘉靖年间重抄过一部，所以越发显得珍贵。

让人心痛的是，八国联军入侵北京的时候，把这部旷世珍宝抢走了，现在这些宝贝还散落在欧洲各国的图书馆里，当然，有少部分现在已经陆陆续续被收回了。不过，最近的研究发现，所有这些国内外的残本都是嘉靖时的抄录本，而《永乐大典》的正本从来都没有出现过。换句话说，《永乐大典》的正本在某个时间、某个地点神秘消失了。

《永乐大典》哪里去了？为什么会消失？是谁把《永乐大典》弄走了？一连串的疑问围绕在我们的心头。

有人说《永乐大典》在南京毁于大火，也有人说是于清朝嘉庆年间在乾清宫被大火烧毁，又有人说可能是在明嘉靖年间文渊阁失火时被烧毁，还有人说是被藏在皇宫厚厚的夹墙中了。可所有这些说法都没有实证，不足为信。

《永乐大典》最后一次出现是在嘉靖三十六年（*1557* 年），当时宫中失火，嘉靖皇帝连下数道谕旨，让人抢救《永乐大典》。嘉靖皇帝死后，隆庆皇帝就宣布《永乐大典》重抄完成，此后《永乐大典》的正本就再无音讯。由于嘉靖皇帝生前对《永乐大典》极其喜好，有学者推测，《永乐大典》很可能被嘉靖皇帝带入他的陵墓中了。目前嘉靖皇帝的永陵还有很多未被发掘的地方，很多学者希望能够进入其中寻找《永乐大典》。

但愿这部旷世珍宝真的被埋藏在永陵中，但愿它能够重见天日，而不是毁于大火。

81. 失落的印加

一千多年前，在南美的西海岸，出现了一个强大的帝国——印加。这个帝国征服了从秘鲁南部到中美的绝大部分地区，创造了高度发达的文明。但是，这个强盛的帝国在延续了几百年后，却从南美历史中消失了。

存在于一个远隔重洋的大陆，有着丰富的自然资源，没有强劲敌手的古帝国，为何突然间消失在历史长河的奔流之中了呢？

战争，我们不可避免地想到战争，因为它永远都会与毁灭紧紧地联系在一起。是否印加帝国发生了大规模的战争，让这个刚刚繁盛起来的帝国无法承受而走向毁灭呢？如果是，这种战争最可能来自帝国内部。是奴隶起义，还是王权争夺？能够给予这个帝国沉重一击的肯定是一场非常惨烈的战争，那最大的可能应该是两支实力相当的对手的火拼。估计，是历史上不断上演的王位争夺在这里夸大地上演了。

不过即使王位争夺得再惨烈，也无法达到毁灭印加的地步，毕竟那时只是刀剑之间的交锋，而不是核武器的对战。会不会有其他力量的介入，使战争的灾难雪上加霜呢？我们从历史上了解到，在印加消失前后，西班牙殖民者已经到达了美洲大陆，是当时贪婪的西班牙人给了印加最后的致命一击吗？非常有可能。我们知道，殖民者的侵略使美洲的土著居民现在只剩下可怜的少数人。

在战争的毁火性破坏之下，如果再加上瘟疫，印加文明便注定万劫不复了。虽然印加已经有了不错的医学水平，但是对于瘟疫，他们似乎确实无能为力。而有迹象表明，在印加文明末期，瘟疫确实在南美大陆发生过。

难道一度辉煌的印加文明就在战争和瘟疫的魔爪之下走向了毁灭吗？或许还有其他原因，如地震、海啸、火山、气候。不过目前，战争和瘟疫似乎是能够给出的最好答案。

82. 神秘的古格王朝

大约公元 *9* 世纪时，在我国西藏地区的西部出现了一个神秘的王国，叫做古格。这个王国虽然不是很大，但是其历史却不短，约有八百多年。古格王朝的经济、文化都较发达，特别是佛学，非常繁荣，很多佛学经典都是通过古格逐步传到周边地区的。但是，大约在 *17* 世纪，这个偏安一隅的神秘王国在繁荣了几百年后，突然消失了。

由于绝大多数关于古格的史料都被埋在废墟中了，所以，关于古格王朝究竟为何突然之间灰飞烟灭了，相关领域的专家还在不断地考古发掘之中。

不过，古格王朝的消失有很多让人疑惑的神秘之处。首先，导致一个王朝灭亡最可能的直接因素——强敌入侵，在古格王朝发生的可能性非常小。雪域高原阻挡了中原王朝的大军，也阻挡了其他民族强权的入侵。其次，可能导致王朝灭亡的另一个重要因素——内部冲突，似乎也无法解释古格王朝的消失，因为内部冲突只会导致政权的更替或者王位的转移，而不会使一个王朝突然消亡。

那么，到底是什么导致了古格王朝的突然灭亡呢？

难道是自然灾害？发生了火山爆发？发生了地震？发生了雪灾？出现了瘟疫？都有可能，但是也都还无法证实。

或许我们忽视了一点，古格王朝是吐蕃王朝之后建立的地方政权，会不会是西藏地区的其他政权消灭了古格？可是，古格王朝的力量并不弱，它毕竟在西藏高原屹立了800多年。有历史学家怀疑是古格王朝内部发生了内讧，同时，又有人引外军入城，内忧外患最终动摇了古格八百年的根基。这是历史学家从西藏的历史记录中能稍微找到点证据的说法。不过，这一说法还没有得到充分证明。

要揭开古格王朝的神秘面具，我们还有很多工作要做。

83. 东南亚的神秘古国——占婆

在今天的越南南部地区，曾经有一个神秘的古国叫占婆。占婆在历史上与中国有着密切的联系，著名的"占城稻"就是从占婆国传过来的。不过这个活跃在东南亚的南少林国在大约三百年前却突然覆灭了。小国的消亡或许并不引人注意，但是占婆的消失却多少带有一些神秘色彩。

占婆虽然处于东南亚，并多次成为中国的藩属国，但是它却有着与其他东南亚国家明显的不同之处。东南亚国家大多深受中华文明的影响，处处带有中华文化的印记，而占婆在中华文明的包围圈中却神秘地保持着印度文化的传统，最明显的表现就是他们把湿婆神作为主要的崇拜对象。或许正是这种特立独行，使它处于一种孤立地位，而最终走向了灭亡。

是什么原因让占婆人如此坚持地保持着印度文化的传统，我们无法考证，但是这确实阻碍了它与周边国家的交流和融合，并且给它带来了不断的战争。而战争最终毁灭了占婆，或者说占婆固守独特的文化，最终使它无法在东南亚生存下来。

虽然在与周边国家的交战中占婆似乎并没有落什么下风，但是在

157

安南黎朝的皇帝黎圣宗率领的几十万大军的强攻之下，小小的占婆再也抵抗不住，最终国破人亡。但是占婆作为一个小国为何非要与安南国相抗衡呢？安南国为什么非要消灭占婆呢？建立一种藩属关系对双方不是都有好处吗？我们无法解释其中的原因，只是隐隐地感觉到，这还是与占婆固守的独特文化有关系。

被安南大军攻破之后，占婆人也可以委曲求全，可是他们没有。在苟延残喘了一段时间后，占婆人开始逃亡，最终占婆国彻底消失。是什么原因让他们不愿意忍辱负重，伺机复国呢？又是什么原因让安南人赶尽杀绝呢？这当中还隐藏着许多不为我们所知的秘密。

84．难觅其踪的南少林

河南嵩山少林寺如今名闻天下，每年到寺里烧香、旅游的人数达上百万，香火非常旺盛。事实上，这个少林寺又称北少林，在历史上还有一个南少林，曾与其遥相呼应。但是，在清朝康熙年间，南少林突然神秘地消失了。直到现在，我们也无法确认当年南少林具体的地址。

南少林到底发生了什么事情？考古学者从一本天地会的"会册"中获得了一丝关于南少林的秘密：当年西鲁国入侵，官兵抵挡不住，康熙招募天下英雄阻击，并承诺给予封赏。南少林弟子主动请缨，并大胜而归。谁料康熙不但不履行承诺，还火烧南少林，屠杀南少林弟子。南少林弟子只有五人逃脱，为了复仇，他们组织起了天地会，一直不断地进行反清复明的活动。

几乎所有人都相信了这个故事，但是考古学者却从中发现了疑点：为什么"会册"中从来都没有提到南少林的具体地址呢？是不是这当中还有什么不为人知的隐情呢？为此，考古学者们继续进行着搜寻。

终于，他们又有了新的发现：一本手抄的经文揭露了关于南少林不为人知的秘密。当年南少林的僧人与南明势力联手，进行反清活动，但是后来双方关系破裂，南少林的僧人便投靠了清政府，可清政府对待南少林僧人也很一般，以至于南少林弟子处于孤立的境地。为了掩饰这两次变故，他们编造了"会册"中的故事，建立天地会，独自进行反清复明的活动。

"会册"中的疑问解决了，但是既然康熙没有火烧南少林，那南少林到底是如何消失的呢？原来，康熙在收复台湾前，曾多次让沿海地区民众向内地迁徙，南少林也被迫迁离。在不断迁徙中，僧众和财产不断散失，加上自身不受清朝和反清势力双方的善待，南少林逐步消亡了。

85．凭空消失的部落

二战即将爆发之前，在阿拉伯半岛的亚丁港发生过一起集体失踪事件，至今仍是个谜团。这个部落的名字叫"拉达"，是一个沙漠部落。在它失踪时，附近一直都有英军驻守，而在其南北两方都有其他部落，这些部落之间只有一条非常危险的通道可以穿行。在这个部落消失后，英军发现屋内的家具摆放整齐，餐桌上还留着没有动用的饭菜，村里也没有被炮火袭击的痕迹，敌人入侵的可能性被排除了。英国飞行员也没有发现有人群迁移的痕迹，而其南北两方的部落也没有发现"拉达"部落的人。这个部落的整群人就这样凭空消失了，仿佛从人间蒸发了一般。

还有一个集体消失的部落，那就是住在北寒带的爱斯基摩人部落。

这个小部落坐落在加拿大的安吉克尼湖附近，大约有三十几个人。它的失踪是被一个叫约翰·拉斐尔的猎人发现的。

这个猎人是爱斯基摩人的老朋友，因为他们曾经救了他的命，所以拉斐尔只要出来打猎，必会来看望一下恩人。

可是1940年12月初的一天，拉斐尔却再也找不到他的朋友们了。他们集体失踪了。拉斐尔在一间屋里发现，锅里已被煮熟的食物冻得都拿不出来了，而另一间屋里则有一件正缝制的皮衣，针还在上面刺着。这些爱斯基摩人到哪儿去了呢？

警察们通过清查，发现爱斯基摩人最重视的枪仍放在原地，而他们的狗却被饿死在距部落100米的灌木林中，各个小屋内外都井然有序，丝毫没有被侵犯的痕迹。那么，爱斯基摩人到底是因为什么消失的呢？

正当人们疑惑不解时，一个新的情况引起了科学家们的注意。在拉达部落和爱斯基摩人部落消失的时候，都发现了不明飞行物，这又代表着什么呢？

86. 战争中遗失的祖先遗骨

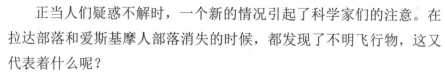

1929年，中国古人类学家裴文中，在北京市周口店发现了第一个完整的"北京人"头盖骨化石。

后来，这个头盖骨化石被保存在北京协和医学院。1937年卢沟桥事变后，日本军队侵占了北京，可因为当时协和医学院是美国的驻华机构，日军一时不敢随便搜查，"北京人"化石在这里还比较安全。但是，到了1941年，日美关系越来越紧张，为了使"北京人"化石不被日军抢走，有关单位决定把化石送到美国暂时保管。

按原计划，"北京人"化石将由美国海军陆战队运往美国。然而，意想不到的事情发生了！珍珠港事件爆发了，日军迅速占领了美国在北京、天津等地的机构，"北京人"头盖骨在转移中神秘失踪了！

1942 年 8 月，在发现化石不见了之后，日本方面曾大肆宣扬化石"被窃"，还找过相关人员逼问其下落，裴文中教授也遭到了非难。

过了两个月，突然有消息传来，说在天津发现了"北京人"化石。日军还专门找了一个研究员前去辨认，但研究员刚到天津就被赶了回来，并被告知在天津找到的东西跟化石无关。不久裴文中教授被释放，同时，日军对"北京人"化石的搜索也停止了。

抗日战争结束后，曾有过报道说，在东京发现了"北京人"化石，据说是东京帝国大学交给盟军总部的，准备送回中国。报上虽如此报道，但中国政府从盟军总部所接受的东西中，并没有"北京人"化石。为此，当时国民党政府驻日代表团顾问李济博士，在东京曾先后五次寻找过"北京人"化石的下落，均无任何结果。美军总部也曾动员在华美军寻找"北京人"化石的下落，还是一无所获。

半个多世纪过去了，"北京人"化石的失踪直到现在还是个悬而未解的谜。

1908 年，俄罗斯西伯利亚通古斯地区发生了举世闻名的通古斯大爆炸，爆炸产生了很多碎片和残骸，其中有一块 3 吨重的陨石，被认为是无价之宝。这块陨石在 2004 年被"通古斯太空事件"基金会主席、俄科学家尤里·拉维宾买走，后来一直被放置于克拉斯诺亚尔斯克市的"通古斯太空事件"基金会门前的广场上。不过跟通古斯爆炸一样离奇的是，2007 年 8 月 10 日，这块无价之宝突然从"通古斯太空事件"基金会门前的广场上消失了。这件事引起了克拉斯诺亚尔斯克市警方的高度紧张，该市内务部甚至讨论是否将该案件列为刑事案件。遗憾的是，目前警方对此事的调查没有取得任何实质性进展。

这件神秘消失事件之所以引起各方的高度紧张，还要联系到通古斯爆炸事件。很多人认为通古斯爆炸时间与外星文明有关，爆炸中产生的很多碎片被怀疑是外星飞行器的残骸。所以对于这块陨石的消失，虽然不排除是犯罪分子的盗窃行为，但是使很多人更为担心的是，可能是当年坠落陨石的外星力量取走了陨石。之所以有这样的怀疑，是因为陨石失踪大概是 6 月份，而发现陨石丢失已经是两个月后了。换句话说，陨石神不知鬼不觉地从地球上消失了，没有留下任何痕迹和线索。能搬走一个 3 吨重的东西，又如此干净利索，可不是普通人所能做到的。疑虑不断地笼罩在人们的心头，是拉维宾监守自盗，还是……

87. 是什么谋杀了关岭鱼龙

在我国贵州关岭地区，曾发现了大批远古时期的生物化石，这当中包括比恐龙还要早 2500 万年的鱼龙。鱼龙当时是海洋里的霸主，其体形在 2～4 米之间，几乎通吃海洋里的一切动物，尤其爱好吃乌贼。关岭是一个山区，鱼龙作为当时海里的强势主体，为什么会在这里大批死亡呢？

根据对关岭地区的化石研究分析，这里原来属于浅海地区，但是鱼龙属于深海生物，怎么会来到这片浅海地区呢？是深海里出现了更凶猛的对手，逼得它们别无选择呢？还是关岭地区有着什么吸引力，让鱼龙甘愿冒险呢？

一些植物化石显示，关岭地区在当时属于亚热带气候，周围生物资源非常丰富，吸引着大量的海洋动物前来觅食。这些海洋动物密集在此，在雄霸海洋的鱼龙看来就是食之不尽的美餐，所以成群的鱼龙尾随而来，聚集到了这里。可是面对如此丰富的食物，鱼龙应该越来越多才对，为什么却大量死亡了呢？是来到浅海地区无法适应这里的环境呢？还是因为鱼龙太多，相互争夺食物而自相残杀呢？抑或是发生了什么自然灾害吗？

从关岭地区的化石分布来看，鱼龙曾一度想游回深海，但是好像又遇到了某些东西的阻拦。是有什么凶猛的敌人带来了威胁，将鱼龙包围在关岭区域吗？那时还没有人类，没有其他生物能够实施如此严密的围猎策略。

一份关岭地区的地壳运动分析揭开了事情的谜底：原来关岭地区因为地壳运动由浅海变成了封闭的死海，众多生物的存在使海水严重缺氧，鱼龙因此想逃回深海，不想却被群山挡住了去路，最终只能困死关岭。

不过，这也只是目前的推论，鱼龙之死也许同恐龙一样，涉及地球之外强大力量的冲击。

88. 恐龙突然绝迹

对于恐龙，我们已经比较熟悉。它们体形多数比较巨大，分为草食和肉食两种，在地球上存在了 *1.3* 亿年后，于距今 *6500* 万年前，突然消失得无影无踪。

对于它们的消失，有很多说法，其中最典型的是"陨石撞击说""食物链断节说"和"火山爆发说"。

"陨石撞击说"认为，*6500* 万年前，陨石撞击地球。撞击产生的高温使岩石气化形成了"粒子云"，"粒子云"遮住了太阳且长时间不消散。没有阳光的照射，使地球上的温度骤降，造成了大量动物的死亡，就连恐龙也难逃厄运。

"食物链断节说"认为，由于恐龙的体形巨大，它们需要的食物很多，长此以往，能够捕食的动物越来越少，能吃的植物也因为大量被食用而遭到严重破坏，恐龙在食物链断节后就灭亡了。

支持"火山爆发说"的专家则认为，当时地球上火山爆发频繁，而且那时火山爆发释放出来的能量非常大，每次爆发都相当于几百颗原子弹在同时爆炸。火山爆发产生的灰尘遮天蔽日，环境被严重污染。在这种环境中，任何体形较大的动物都无法存活，恐龙当然也不能幸免。

另外，有些专家认为不少恐龙化石的头部都有伤口，像是一些高智能生物对其进行捕杀造成的，这种捕杀行为导致了恐龙的灭亡；有些人认为，6500万年前陨石对地球的碰撞，释放出了大量甲烷，而甲烷的燃烧将恐龙"烤死"了。

还有一部分人认为，恐龙并没有消失，只是进化了。它们有可能潜入海底成为深海动物，也有可能为了适应环境的变化，体型变小、变轻，与原来完全不同，成为了新的物种。

总之，恐龙的消失有各种各样的说法，但其中最主要的还是环境的因素，所以这不能不引起我们的警醒：保护环境是让我们生活得更好的根本保障。

89．中国巨猿的消失

大约100多万年前，我国南方的原始森林中生活着一种巨猿。就目前现有的资料来看，这种巨猿是世界上最大的灵长类动物，它们的平均身高为3米，体重基本都在500千克以上。据科学研究分析，这种庞然大物曾与早期人类共同生活过大约100万年，直到10万年前才灭绝了。

据科学家研究，再对照现代分类学，这种巨猿应该是西瓦古猿的后代，它们是亚洲猩猩的近亲，属于猿类，但可能因其身材巨大、体重过高而无法爬树。专家们根据这个标准，以西瓦古猿的头骨做模型，再以大猩猩的身体作参照后放大，又考虑到巨猿与亚洲猩猩一样，生活在亚洲热带及亚热带丛林中，所以专家们采用了亚洲猩猩棕黄而稀疏的体毛来作为巨猿的体毛，就这样复原出了巨猿的原貌。

专家说，别看巨猿的体型巨大，但它是一种脾性温和的动物，因为根据它的大下巴可以看出，它是绝对的"素食主义者"。据说，巨猿们的主食和熊猫一样，是竹子，它们偶尔也吃点树叶、果实等；因为性情温和，巨猿不会攻占其他动物和早期人类。所以说，早期人类也是非常幸运的，与这种庞然大物共同生活，竟然没有受到威胁。

那么，这种温和可爱的动物又怎么会灭绝了呢？

据有关专家分析，像巨猿这种人型的动物食量一般都很大，繁殖期较长，而且对环境变化的适应能力也较差。本来巨猿的生活就比较辛苦，狭窄的饮食结构使它们的生活时常受到威胁，再加上冰河时期的出现，整个北半球气候多次剧烈动荡，这样，巨猿的生存环境就遭到了极大破坏。

还有研究者认为，巨猿的身躯越来越大，但是其头盖骨和大脑的发育却很迟缓，最后因为不能适应环境而消亡了。

90. "陆地霸主"剑齿虎灭绝

剑齿虎是100多万年前生活在陆地上的一种猫科类猛兽，它长有一对暴露在外面的獠牙，体型是现在狮子的两倍大，但是它的四肢比较短，不善于奔跑。所以，虽然它非常凶猛，但是却只能躲在暗处伏击，而不能像现在的狮子那样靠速度去追击猎物。不过，它在当时仍然是百兽中的霸主。

可惜，大概在 *10* 万年前，剑齿虎突然灭绝了，灭绝的原因目前还无法确定。

根据研究显示，剑齿虎很可能是因为自然界的突然变化而灭绝的。同时很多迹象表明，与剑齿虎同时走向灭绝的还有大批其他物种。自然界到底发生了什么变化呢？是大规模的病菌流行吗？还是自然灾害频繁发生呢？为什么野牛之类的生物能够逃过这一劫呢？这些问题一直困扰着很多学者。

最近，有资料表明：在剑齿虎生活的晚期，冰河时期正走向结束，天气开始变暖，很多地方开始荒漠化，植物数量和种类都在减少，很多动物是因为消化吸收能力不强，营养不够而饿死的。野牛等动物正是凭借它们非常强大的消化吸收能力才生存下来的。

可是，剑齿虎是食肉性动物，植物的减少应该不会对它们产生直接影响，况且，它们的主要食物野牛的数量是在不断增加的。那剑齿虎到底死于何因呢？难道是在剑齿虎身上出现了特殊的病毒吗？可是从剑齿虎化石上看不到这一点。

"自杀"，有人提出这一结论。看起来比较荒谬，但是支持者这样解释：气候变暖，植物灭绝，动物进化，使剑齿虎四肢短小的特点成为它们死亡的致命因素。剑齿虎短小的四肢无法追击目标，只能伏击，而植物灭绝使剑齿虎失去了伏击藏身的地方，它的捕食对象野牛则进化了，野牛的自我防护能力变得更强。因此，剑齿虎捕食越来越困难，最终因为自己短小的四肢而灭绝了。

91. "掠食霸王" 袋狮

世界上最凶猛的动物是什么？或许你会回答说是老虎、狮子、土狼、鳄鱼之类的，不过你却错了，要知道在几万年前，在澳大利亚有一种比狮子还要厉害数倍的有袋类猛兽——袋狮。袋狮的体型大概是狮子的三分之一，但是其杀伤力却比狮子有过之而无不及。可惜的是，就是这样一种占尽优势的，在澳洲大陆少有敌手的动物，在3万年前突然消失了。

是什么原因灭绝了这些猛兽呢？类似恐龙灭绝之说的"小行星撞击说"，或者"地球板块移动说"似乎都无法解释这一突然消失现象。是海洋灾难？是血性屠杀？科学家目前还无法解释，只能做一些推测。

目前，一些新的构想被部分前卫的科学家提了出来：生物链的断节使这种凶猛的有袋类猛兽突然在澳洲大陆上消失了。这些钢牙利齿的家伙竟然是被饿死的，听起来似乎有些可笑，但也不用觉得奇怪。要知道，当时澳洲大陆物产并不是非常富饶，生物种类和数量并不丰富，如此凶猛而又少有敌手的掠食霸王袋狮因食物的供不应求而消失也不奇怪。

不过，还有一种说法提供了较为合理的解释。据说，有一种更为凶险的物种从其他大陆迁移到了澳洲使这些原本很有优势的物种面临着灭顶之灾。那这更为凶险的生物是什么呢？根据科学家的推测，他们就是最早来到澳洲大陆的人类。为了争夺对这片土地的统治权，人类可能对这种在澳洲大陆称霸上百万年的猛兽采取了灭绝性的行动。

当然，这些都是目前的一些推测，还无法得到科学的证明。可能一些自然病毒也会使这些生物消失，最近发生在澳洲袋獾身上的无法解释的病毒性肿瘤很可能在3万年前同样发生在袋狮身上。如今科学如此发达，尚且不能保住袋獾的生命，3万年前的袋狮更是难以幸免了。

92. 冰川时代末期的猛犸象

　　猛犸象生活在最后一个冰川时代，与大象是同一个祖先。它们体形巨大，身披长毛，最长的毛有 50 厘米，长毛下面还有绒毛，皮下脂肪有 9 厘米那么厚，在头颈部高耸着一个人驼峰，像骆驼一样，是用来储存脂肪的，这都是为了能在寒冷和食物较短缺的地方生存下去而进化出来的。猛犸象曾统治着整个北半球，它们在领地上纵横往来，不可一世。可在一万年前，它们突然消失了，只给我们留下了些许它们曾在这个星球生活过的痕迹。

　　有人推测，猛犸象的灭绝也许是由于火山喷发或大型泥石流造成的。在墨西哥就曾发现了一个七口猛犸象家庭的全部骨骸化石，时间上正好与猛犸象消失的时间一致，而它们距波波卡特佩特火山仅 20 千米。

　　接着，又有人推测，很可能是天气的变化导致了猛犸象的灭绝。冰川时代晚期，气候回暖，越来越炎热，猛犸象生活的草地逐渐变成了长着稀疏灌木和仙人掌的沙漠，猛犸象的生存环境发生了根本改变，但是它们却无法适应这种改变，就逐渐灭亡了。

　　还有专家推测，猛犸象的怀孕周期很长，达 22 个月以上，猛犸象本身的出生率就很低，而且在人类及其他猛兽的猎杀下，猛犸幼象的成活率更低，所以猛犸象的数量一直处于负增长状态。在经过漫长的时间后，猛犸象最终没有摆脱掉灭亡的命运。

　　可在美洲另外一个地方出土的猛犸象遗骨化石上，却发现了有被人类伤害的迹象。在南美洲发现的 1500 个猛犸象遗址中，有 60 个人类在场的证据。这样看来，人类的过度捕杀可能造成了猛犸象的灭亡。

再后来又有新的发现，猛犸象好像是染上了某种传染力非常强的疾病，这种可怕的疾病使得这个种族最终灭亡了。

93. 谁灭绝了地懒

在冰河时期，生活着一种和现代树懒有着亲属关系的巨型动物——地懒，它的体型和现在的大象相当。但是，大约从 *11000* 年前开始，这种冰河时期的巨兽开始从地球上逐渐消失。大约到 *5000* 年前，生活在中美岛屿上的最后几只地懒也死去了，宣告了该物种从此在世界上彻底消失。

那到底是什么灭绝了地懒呢？研究者们对此有两种截然不同的观点，并且一直争论不休，至今谁也说服不了谁。这两种观点听起来似乎都有一点道理。

一种观点认为，地懒的灭绝与猛犸象一样，是因为冰河时期末期气候发生急剧变化的结果。地懒在经历了整个冰河时期后，它已经能够适应那种寒冷的气候，它有厚厚的脂肪，有长长的毛。但是到了冰河末期，气候突然开始变暖，已经适应了寒冷气候的地懒无法适应这种变化，最终走向了灭绝。

反对者认为，如果地懒是因为气候变化而灭绝的，那为什么中美洲岛屿上的地懒到 *5000* 年前才灭绝呢？这些岛屿不像格陵兰岛，可以维持较低的温度。

所以，就产生了另外一种观点：是人类的捕杀导致了地懒的灭绝。这种观点的支持者认为，*11000* 年前美洲大陆地懒开始灭绝，恰好是冰河时期晚期，但是也正是人类涉足美洲大陆的时期。中美洲岛屿上的地懒又生活了 *6000* 年，这也恰好是人类登陆这些岛屿的时期。所以，地懒的灭绝显然与人类活动有着密不可分的关系。

可是，10000多年前，人类的数量有多少呢？他们为什么只捕杀地懒呢？如果不仅仅是捕杀地懒，那么多动物他们捕杀得完吗？为什么不是所有的动物都灭绝了呢，而只是地懒和其他部分动物呢？一切又充满了疑问。

地懒是灭绝了，可它的灭绝之谜却仍然没有完全解开。

94．汗血宝马今何在

传说，汗血宝马是一种非常神骏的马，它能够日行千里，夜行八百。这种马在急速奔跑后，肩部会流出像血一样的汗，所以被叫做"汗血宝马"。

历史上关于汗血宝马的记载，最著名的，要数西汉时期，汉武帝为了争夺汗血宝马而引发的两次战争。此后，有关汗血宝马的传说流传至今。汗血宝马自汉朝时进入我国，一直到元朝，曾兴盛上千年，后来却突然无影无踪了。

那么，汗血宝马这种神奇的动物又怎么会消失了呢？

对于这个问题，很多专家都提出了自己的看法。2000年，一个偶然的机会，一个日本专家在中国新疆的天山拍到了"汗血马"的照片，确实"汗如鲜血"。对此，有些专家说这是有可能的，可能汗血马的毛细血管非常多，而马在高速奔跑时体温会比平常高出5℃左右。在高速奔跑后，随着血液循环的加快，少量血就会从细小的毛孔中渗出。

但是也有些专家称，马流"汗血"只是一种马病，是吸血寄生虫钻到了马的皮下，使得马皮肤流血。也有专家说，汗血宝马只是一种以讹传讹的说法，因为马在出汗时是毛先发潮，然后汗才流下来，有些红色的马在出汗后马毛的颜色更加鲜艳，人们就有一种错觉：马在流血。所以，根本就没有什么汗血宝马，也就不存在消失这种说法。

而另一种说法则是，会流"汗血"的马确实存在，但是可能不像传说中的"日行千里，夜行八百"。比如古代的驿站，用快马来传讯息，称"六百里加急"，但最长的驿站也不超过 250 千米。长时间高速奔跑，任何马都会累死。

但也有专家认为，汗血宝马确实存在，而且到唐代末期仍然存在。但是在引进了纯种汗血马后，人们让它们与其他的马杂交，汗血马的特性就渐渐消失了。

95．渡渡鸟的悲哀

三百多年前，在非洲的毛里求斯岛上生活着一种奇特的大鸟，这种鸟翅膀短小，它不会飞翔，也不善于奔跑。它长有一张奇特的大嘴，没有天敌，也不怕人类。最初发现这种鸟的西班牙殖民者管它叫渡渡鸟。但是渡渡鸟在被人类发现后，很快就从毛里求斯岛上消失了，地球上再也见不到这种鸟。

对于渡渡鸟的消失，世人一直争论不休。很长一段时间里，人们普遍认为是人类的到来使渡渡鸟消失了。人类贪图渡渡鸟香喷喷的肉，对其进行大量的捕食，而随着人类来到毛里求斯岛上的猪、猫、狗等动物，对渡渡鸟的卵和幼仔也进行了大量破坏和猎杀。最终，对人类毫无防备的渡渡鸟从毛里求斯岛上逐渐消失了。

不过，后来在毛里求斯岛上发现的一处动物墓葬，它使渡渡鸟的消失蒙上了一层神秘色彩。研究者发现：早在人类来到毛里求斯岛之前，渡渡鸟就曾遭遇过一次毁灭性的屠杀。让人们困惑的是，是什么屠杀了渡渡鸟，要知道，渡渡鸟在毛里求斯岛上是没有天敌的。难道

171

在西班牙殖民者之前，有过其他人类，或者更先进的文明来到过毛里求斯吗？人们无法获得答案。但是，在渡渡鸟的墓葬中，人们还发现了海龟等其他动物的尸体及许多已经灭绝的植物标本。据此，研究者推测：毛里求斯岛可能发生过大规模的自然灾难。比如，海啸、龙卷风、地震等，是这些接二连三的自然灾难使渡渡鸟和那些动植物大规模死亡。不过这只是人们的推测，事实还有待进一步探索。

但是，不管以前发生了什么，的确是人类的捕杀使毛里求斯岛上最后的几只渡渡鸟也消失了，人类对渡渡鸟的消失负有不可推卸的责任。

96. 蚂蚁灭绝了新疆虎

最近一百年，地球上的动物、植物不断地灭绝，究其原因，绝大部分是人类过度开发、气候变暖等因素所导致。但是隶属于里海虎系统、生活在我国新疆地区的新疆虎，其消失却存在蹊跷。

在 19 世纪 70 年代，一位俄国人宣称发现了新疆虎，并说新疆虎的数量像狼群一样多，足见当时的新疆虎还是一个种族非常繁盛的物种。但是仅过了二十年，科学家赫定在罗布泊地区再次发现新疆虎时，新疆虎的数量已经非常少了。再过了二十年，大约 1916 年，新疆虎在这片雪域高原上基本消失了。

是什么让曾经数量庞大的虎群在如此之短的时间内灭绝了呢？传统的"人类捕杀说""环境毁坏说"当然不绝于耳。不过想想 19世纪末、20 世纪初，远在西北的雪域高原，跟几百年前没有多大区别，都是一样的偏远、落后，蛮荒——人类还危及不到那些自由自在的老虎。

而当地老百姓口中流传的一个故事，似乎可以更好地解释新疆虎

172

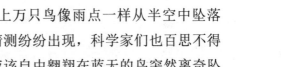

神秘消失的原因。据说，新疆当地有一种蚂蚁，体形巨大、行动怪异、色彩鲜艳。最奇怪的是，它们敢在"老虎嘴上捋胡须"。它们不喜欢吃树叶、虫子之类的东西，偏偏就喜欢吃小老虎。当地老百姓说，这种蚂蚁往往数以万计地扑向它们的食物，虎妈妈不能每一分每一秒都守护在小家伙们的身边，所以可怜的小虎崽就这样被比它们小得多的东西给吞噬了。虎崽的存活率越来越低，新疆虎的灭绝自然就不可避免的了。

不过，这只是传言，新疆虎真的是被蚂蚁吃掉了？那以老虎为食的蚂蚁现在哪里去了呢？老虎对这些蚂蚁只能束手就擒吗？

抑或是新疆虎根本就没有消失，而是躲进了天山深处？

97. 消失在天空的鸟

最近一百多年，关于鸟类神秘死亡的报道频频出现。*1896* 年美国路易斯安娜、*1948* 年美国纽约帝国大厦前、*1961* 年美国加州、*2007* 年澳大利亚，都出现了成千上万只鸟像雨点一样从半空中坠落而下。新闻媒体争相报道，各种猜测纷纷出现，科学家们也百思不得其解。是什么原因导致这些原本应该自由翱翔在蓝天的鸟突然离奇坠落呢？

很多可能的原因被人们提出——中毒、气候变化、遇上龙卷风、患了传染疾病……这些解释看起来都有些合理，但是，事后科学家对鸟类尸体的解剖表明：它们并没有中毒或患病的迹象，周围也没有发生特殊的恶劣天气。这就使这些鸟类的死亡事件变得更加扑朔迷离。

后来，一种非常大胆的猜测被一些学者提出来：空气中存在一种半透明的凝胶状的生物，它们靠捕食鸟类等空中生物为生。人们怀疑是这种神秘生物导致了鸟类的神秘死亡。这种想法最初被人们当成是一种笑谈，但是，不断发生而又无法解释的鸟类死亡事件，使这种说法越来越受人们的重视。特别是 1958 年美国一个叫福斯汀·加利戈斯的人在他的家门外发现了一个半透明的奇怪的物体，其特征与人们的猜测非常相似。这一发现给这种猜测提供了一个非常有力的证据。

那空气中是否真的存在这种神秘生物呢？是不是这种神秘生物导致了鸟类的大量神秘死亡呢？从各地鸟类死亡的情况来看，神秘死亡的鸟类有数十种，而死亡区域并不集中，死亡时间也非常突然。能够解释这一现象的，目前似乎只有神秘生物袭击这种说法。或许，有一天鸟类会因此而完全消失在天空。

不过，到目前为止，神秘生物的存在还没有获得足够的证据。

98．消失的血液

最近数十年，在美国、俄罗斯、南美等多处地方出现了家畜的血液被吸干的现象，这使得农场主变得非常恐慌。因为，遭到袭击的家畜除了血液被吸光，其他部位都完好无损，这显然是一种不符合常理的袭击，也可以肯定不是普通的野兽或者偷盗者所为。那么是什么吸走了这些家畜的血液呢？

一种被称为"卓柏卡布拉"的吸血怪兽被认为是罪魁祸首。吸血怪兽多次被人们看到，甚至有人发现了它的尸体，其长相非常丑陋，有一对突出的獠牙，有点像狼，有点像袋鼠，还有点狗的模样。不过吸血怪兽到底是什么，科学家还在对其进行化验检测。部分科学家认为，它可能只是一种变异的犬类，因为某种原因对血液有一种特殊的嗜好。那么，到底家畜遭遇袭击事件是否与这种吸血怪兽有关；吸血怪兽是否真的存在；被发现的尸体是否真是吸血怪兽，还是其他动物，我们目前还缺乏足够的证据来证明这些。

除了吸血怪兽，随着大量关于不明飞行物的报道出现，人们也开始怀疑是外星人抽走了动物的血。因为除了血液被抽干，还有地方发现，动物的器官竟然被神秘地精确摘除了。排除人类自己，似乎除了外星人，没有什么生物能够做到这一点。但是，关于外星人的说法，一直都是传说，没有任何可靠的证据。因此，我们也无法肯定这一说法。

或许，是我们过于多虑，动物只是在遭遇袭击后失血过多而死，或者是被大群吸血蝙蝠盯上了，或者是被食腐动物掏走了内脏，与吸血怪兽、外星人没有任何关系。但是，还有很多亲眼目睹野兽袭击的事件，使我们心中始终充满疑问——被袭家畜的血液到底哪里去了？我们期待科学家能够早日给出答案。

99. 奇特的鼻行动物

20 世纪 *80* 年代，日本学者日高敏隆，翻译了瑞典动物学家哈拉尔特·施顿普凯的著作《鼻行兽》，引发了世界生物学界的轩然大波。书中记载："鼻行兽是鼻行类的一种，鼻部有关节，可以跳跃前行，会飞。"书中详细描述了鼻行动物的形态、生活习性等，并把它们分为 *14* 科 *189* 种。

书中又说道：它们最大的特征是，鼻子的结构与功能奇特，鼻子的数量和形状也不尽相同；但相同的是，其功能已全部异化，鼻子用于支持身体、爬行、跳跃和捕捉食物等，所以这些鼻子被称为"鼻性步行器官"。鼻行动物的后肢完全退化得无影无踪，前肢也很小，不再有很明显的功能。

鼻行动物存在于南太平洋的哈伊艾伊群岛。*1941* 年二战时，瑞典人谢姆维斯特从日本战俘营里逃脱后，漂泊到了该群岛上，发现了这种神奇的动物。

战后，国际生物考察队在群岛中的一个小岛上，建了一座研究所以研究鼻行动物。鼻行动物的发现及其科研成果，被认为是20世纪动物学领域里最伟大的发现之一。

后来，据说是因为1957年，在南太平洋进行了一次秘密核武器试验，炸毁了居住着这些神奇动物的群岛，整个鼻行类动物也随之消失了，连一个标本也没留下。

日本生物学家们根据哈拉尔特·施顿普凯的图片和资料，制作了鼻行类动物的复原标本，引起了世界生物学家和动物爱好者们的极大兴趣。但也有人认为，鼻行类缺乏在动物发展史与分类学上的依据，又没有出土的化石可作参考，因此其是否真的存在还很难说。

遗憾的是，哈伊艾伊群岛已经被毁，原始的研究资料不见了，而亲眼见过它们的人也已经不在人世。不过有学者指出，鼻行动物纯属是杜撰出来的。

100. 葬于海底的"皇家上尉"号

英国的"皇家上尉"号，隶属英国东印度公司，它是一艘重860吨的商船，船长是爱德华·泊尔如。大约在1772年，"皇家上尉"号从伦敦出发，载着英国的布匹和其他货物，开始了它的第一次航行，漂洋过海，抵达中国广东。在售出所有的货物后，它满载着中国的丝绸、茶叶和瓷器，返航伦敦，开始了漫长的航程。

1773年12月16日，在驶离中国三天后，"皇家上尉"号到达菲律宾群岛中的巴拉望岛港口。在经过短暂的停留后，晚上船只继续在漆黑的海上缓缓前进。17日凌晨2：30，船上的人被一声刺耳的冲撞声惊醒了，船撞到浅滩暗礁搁浅了。之后的两个半小时，船员们试图将船拖出浅滩，可是他们一次次的努力都失败了。

天逐渐亮起来。大约上午 *10* 点，一个绝好的机会出现了，海潮开始暗暗涌来。趁着上涨的潮水，船员们将船驶出距浅滩 *44* 米的距离。当所有人都觉得已经平安无事时，船竟然又一次搁浅了！船员们又开始了反复地起锚、抛锚，下午 *1：30* 左右，第二次摆脱困境的努力失败了。

天渐渐暗了，"皇家上尉"号船舱里开始积水，而且越积越多。无奈之下，爱德华·泊尔如下令弃船逃生。在船长的指挥下，除三名喝得烂醉的船员，所有的乘客和船员都安全地登上了"皇家上尉"号配备的三条救生艇。这时，正好有一艘英国船路过，将三名拒绝离开"皇家上尉"号的船员救起。

后来人们曾再次返回，想抢救"皇家上尉"号，可到达那里时，它已经无影无踪，沉入茫茫深海。它盛载的货物也随之静静地藏在海底。直到法国考古学家高迪奥发现了它的残骸，"皇家上尉"号的故事又一次引起人们关注。

101．神秘沉没的第一艘潜艇

早在 *1580* 年，就有人提出了潜艇的技术构想，但是第一艘真正用于战争的潜艇出现在美国南北战争时期，那就是著名的"亨利"号。当时南方军队在水面舰艇方面处于弱势的情况下，不得不实施潜艇计划。可喜的是，世界上第一艘潜艇的第一次出击就取得了成功；遗憾的是，它在成功击沉"豪萨托尼克"号巡洋舰后，自己也紧跟着离奇地沉入了海底。它的沉没也给后人留下了太多的谜。它是胜利者，当时没有专门对付潜艇的武器，它也没有遇到特殊的海洋气候，可它为什么会与敌人同时葬身海底呢？更让人奇怪的是，在数百年后打捞出来的"亨利"号残骸中，人们发现，当时的艇员还都坚守在他们的岗位上，说明他们是突然遇难的，并没有意识到危险的存在。那么是什么突然间毁灭了"亨利"号呢？在那一瞬间到底发生了什么呢？

或许，第一艘潜艇的技术并没有那么全面，"亨利"号很可能是因为船舱里面缺氧而沉没的，而初次驾驶潜艇的艇员们并没有意识到这一点。

或许，是"豪萨托尼克"号身上巨大的弹洞，把大量的海水吸到了船舱里，从而形成巨大的水流，水流也缠住了"亨利"号，把它拖入了海底。

还有一种可能就是"亨利"号中弹了，可能弹洞并不大，但是因为早期的潜艇并没有现在质量那么好，这个小小的弹洞足以让海水涌进来，使这个水底怪兽沉入海底。

虽然有这些可能的猜测，但是，"亨利"号上还有一些令人生疑的细节。从打捞出来的残骸来看，"亨利"号的舱门好像被打开过。难道"亨利"号受到了"豪萨托尼克"号之外的攻击吗？是谁打开了舱门呢？是艇员自己，还是海里的未知神秘客呢？

所有的可能到现在为止都只是猜测，都还没有成为定论。

102. 豪奢的"泰坦尼克"号

在世界航海史上有一艘游轮号称为"永不沉没的巨轮"，那就是著名的"泰坦尼克"号。然而，非常遗憾的是，1912 年，这艘豪华游轮在它的处女航时就不幸沉没了。通常情况下，人们都认为，"泰坦尼克"号是因为撞上了冰山才沉没的。但是，随着调查的不断深入和各种传说的出现，"泰坦尼克"号沉没的原因开始变得复杂起来了。

有调查显示："泰坦尼克"号拥有 16 个密封舱，就算其中部分密封舱进水，它也不会沉没。而在撞上冰山后迅速沉没的根本原因，是船体接口处的铆钉出了问题。通过检测，这些铆钉的矿渣含量是标准含量的两倍，这就大大降低了铆钉的质量，也就使船体的坚固程度大打折扣。所以，"泰坦尼克"号在撞上冰山后，各接口处发生了断裂，海水大量涌入船舱，最终"泰坦尼克"号沉没。

也有人说：在沉没的"泰坦尼克"号船体底部，发现有一排整齐的大洞。这些洞口的边缘非常光滑，人们怀疑是 UFO（不明飞行物）或者是 USO（不明潜水物）发出的神秘光线射击的结果。"泰坦尼克"号的沉没也是这些神秘大洞造成的。

在"泰坦尼克"号沉没若干年后的今天，关于它神秘沉没的调查和胡乱而离奇的猜想纷纷出现，使得原本清晰的事情变得模糊起来。或许，要等到它完全被打捞出来的那天，真相才会大白于天下。

103. 沉入海底的"圣迭戈"号

在第一次世界大战期间，美国曾经有一艘让美国人非常骄傲的军舰，那就是"圣迭戈"号战列舰。它宽 23 米，长 100 米，拥有 32 门火炮，俨然是一座海上城堡。但是，1918 年，在这艘庞然大物身上却发生了至今也没有弄清楚的离奇事件。

当年夏天，"圣迭戈"号护送一支舰队进入纽约港。突然，一名海军士兵发现前方有一个忽升忽降的物体，他认为那可能是德国潜艇的潜望镜。于是，舰长命令向不明物体开火，不明物体很快消失了。但是，随后发生了件非常奇怪的事件："圣迭戈"号的底部突然发生了巨大的爆炸，随后，巨大的船体慢慢沉入了海底。虽然绝大部分官兵得以获救，但是，仍然有六名水手在这次海难中遇难。令人们奇怪的是，"圣迭戈"号为什么会突然发生爆炸呢？根据获救的船员回忆，当时舰上的所有机械都运转正常，不会是舰艇本身的原因。那会是什么原因呢？最大的怀疑对象是那艘德国潜艇，但是当时也没有发现明显的证据。也有可能是"圣迭戈"号碰上了德国潜艇布下的鱼雷，或许是因为其他不为人知的原因，反正这件事情至今也没有一个明确的结论。

在这种离奇沉没的背景下，在海底的"圣迭戈"号身上接下来发生了一系列事件，使"圣迭戈"号和它的沉没变得更加神秘起来。在对"圣迭戈"号的残骸进行打捞探索期间，先后至少有六名潜水员在作业过程中离奇死亡。这在同类性质的海洋作业过程中是非常非常少见的。难道仅仅是巧合吗？还是"圣迭戈"号的沉没隐藏着惊人的秘密呢？或许这要等到"圣迭戈"号被打捞出来才能解释清楚，而现在只能是一个谜。

104．16年后重现的"女士你好"

1959年，驻守在维勒斯基地的美国空军，接到了一个让他们惊奇的报告。报告是由一个在沙漠中心工作的石油勘探队发出的，他们说在利比亚本哈兹以南70千米处，发现了一架二战时期美国飞机的残骸。美国空军立刻派出调查小组前往沙漠深处，调查人员刚看到那架飞机的残骸就吃了一惊，因为那架飞机就像是刚刚迫降的。

这架轰炸机，让调查人员的思绪马上回到了16年前。

16年前，也就是1943年4月4日，美国空军派出25架轰炸机，准备轰炸意大利那不勒斯附近的飞机场。轰炸机从本哈兹附近的一个机场起飞，起飞时间是下午一点半。这样，轰炸机就可以在黄昏时分到达目的地，而返航时间则是在夜里，夜幕会掩护它们不受德国战斗机的追击。"女士你好"号轰炸机由威廉姆·海顿上尉驾驶，飞机是海顿和他的八名机组成员精心挑选的，并在机身上写了"女士你好"字样。尽管有一些飞机被高射炮所击伤，但任务完成得很顺利，除了"女士你好"号轰炸机，所有飞机当天都安全地返回了基地。直到第二天天亮，"女士你好"号轰炸机也没有回来。基地部队对地中海地区进行了搜索，最终也没找到关于这架轰炸机的任何线索，该机神秘消失了。基地当时推测，飞机坠毁了，机上人员都沉入了大海。

但是没想到，16年后，调查人员会在这里发现飞机的残骸。调查人员打开机舱，却没有看到预期中的飞行员的尸体。他们又爬进机舱，发现了更令他们吃惊的事情，不仅无线电接收装置还处于工作状态，就连真空瓶里的咖啡都还很新鲜，而且"女士你好"号的机身上并没有伤痕。那么，是什么原因使它离开目的地几十千米，降落到沙漠深处呢？还有，机组人员都到哪里去了呢？

105．可疑的"阿波丸"号

著名的"阿波丸"号是二战期间，日军向在日战区的盟国战俘和盟国侨民运送救济物资的船只。当时美国和日本签订协议，由日本提供船只和物资，美国则保证此类船只的安全。1945年2月17日，"阿波丸"号由日本门司港起航，开始一直都平安无事。但是在返航时，"阿波丸"号的形迹非常可疑，就在其行至台湾海峡时，美军潜艇果断出击，将其击沉。一开始，日方对这件事提出了强烈抗议，因为双方是签订了协议的，他们要求美方负全部责任。可奇怪的是，在日方的各项索赔中，丝毫没有涉及船上贵重物品的赔偿，难道船上并没有任何财物吗？四年后，日本更是自动请求放弃赔偿，这就更让人不解了，各种猜疑蜂拥而来。

"阿波丸"号到底藏着什么不为人知的秘密呢？

 181

据说，当时这艘船在出港时，除装有救济物资，还装有大量金银珠宝，和一批来历不明而又包装很严的东西，这些东西似乎非常贵重。

1977 年的 *4* 月 *28* 日，一直很想找到这艘船的人们，经过多次探测，他们终于从海底捞出了一块光亮的大锡锭和两块写有人名的木牌。经多方查证，证实这些都是"阿波丸"号上的物资。看来，的确是找到"阿波丸"号了。接着，大量物品被打捞上来：有 *3000* 吨锡锭、*1000* 多千克的尸骨，还有手表、瓷盘、花瓶、金笔等用具。

然而资料记载的可不只这些，还有 *40* 吨黄金、*10* 吨白金、*5* 箱钻石、*50* 箱珠宝，以及大量现钞和证券。那么，这些东西又在哪儿呢？潜水员找遍了附近海域，却没有任何收获。难道财宝在船被炸之前就已经转移了吗？还是被秘密打捞了呢？

人们还在做着各种努力，或许有一天会解开这个困扰我们的谜题。

106．纳粹航母消失之谜

二战期间，在太平洋战场上，日本和美国的航空母舰你来我往，打得好不热闹。但是在另外一边的大西洋战场上，则很少出现航母这样的庞然大物，关键的原因就是纳粹德国没有把自己的航母开到水面上来。或许有人会奇怪，德国在二战时期建造过航母吗？回答是肯定的。德国当时计划建造两艘航母，分别叫"齐柏林伯爵"号和"彼得·斯特拉塞"号，不过由于德国潜艇战略和空军方面的阻碍，实际下水的只有"齐柏林伯爵"号，而且这艘航母也没有完全装备，特别是舰载战机。所以，直到二战结束，大西洋战场上也没有出现德国的航母。

不过二战结束后，这艘260多米长的庞然大物却悄无声息地消失了。二战结束后，盟军曾协议把德国的军舰包括航母全部拖到深海区域凿沉，而事实上，在沉没德国军舰的海域内并没有发现"齐柏林伯爵"号。会不会被拆掉了呢？战后是个钢铁奇缺的时代，尤其是对德国来说。不过，航母是一整块的钢铁，建造难，想拆掉可不是件容易的事。战后近五十年的时间里，从来没听说过有哪个国家拆航母的，相信德国人，甚至是美国人、苏联人也不会干这样的傻事。

那么，这个巨型航母哪里去了呢？一直传闻德国的很多技术是向外星人学的，这艘航母会不会也与外星人有关呢？是外星人弄走了航母吗？显然没有多少人这么认为。

不过最近事情出现了转机，一艘沉没在波罗的海的巨型船只的残骸被石油勘察人员发现，其各方面的特征都与"齐柏林伯爵"号相似。后经确认，它就是"齐柏林伯爵"号。是谁把它弄到这里的呢？目的又何在呢？为什么偷走又弄沉了呢？有人说是苏联人，不过苏联（俄罗斯）至今都没有给出明确回答。所以，这个谜还是没有解，它依然困扰着我们。

107．19飞行编队的消失

百慕大三角区，又叫"死亡之海"，近百年来数以千计的飞机、船只曾经在这里失踪。

1945年12月5日下午，美国19飞行编队的5架轰炸机起飞了，一共有14名机组成员，其中有一个是飞行长官查尔斯·泰勒，他们要在离佛罗里达州约90千米处的汉斯和奇肯滩练习投弹。

可是一个半小时后，奇怪的情况出现了，飞行队报告说飞机的罗盘失灵，飞行队迷路了。由于无线电通讯时好时坏，地面也无法确定这支飞行队的位置。随着黄昏迫近，无线电信号越来越弱，情况也越来越糟。这时，海上前沿估测中心已经无法估测飞行队的具体位置了，但是可以肯定的是，他们在偏离原航线北侧非常远的地方，而这时基地竟然听到泰勒下令朝东飞，这时他仍然以为飞行队正在墨西哥海湾上空。

随后，几架救护飞机起飞了，可它们不但没有找到 19 飞行编队，连其中的一架 49 号"水手"教练机也失踪了。接着，不幸的消息传来，49 号"水手"教练机在海面上发生爆炸。就这样，搜救工作以没有结果而结束。

对于这起失踪案，有的人认为是飞机发生了爆炸，根据是 49 号"水手"教练机的遭遇。可 19 飞行编队却恰巧是在百慕大失踪的，这不能不让人有几分疑惑。而在 1955 年，一个退役的少校透露了泰勒当年失踪期间说的一句话："它们看上去就像是来自外层空间的飞行器，天啊！求求你别追我了！"从而使人们猜测，那次失踪事件或许与别的神秘力量有关。

但是科学家们自有一套说法。有的科学家认为，在百慕大出事多在阴历的月初和月中，这是月球对地球潮汐作用最强的时候，而在这个海域底部有个巨大的磁场，它能造成罗盘和仪表的失灵。

但这种推测也只是假说而已。

108. 消失在蓝天中的"弯刀"

二战结束后，美国在研发新一代战机上花费了大量的精力，其中非常著名的 XF7U-1 就是当时重点研制的一个海军机种，业界人士给这种战机起了一个绰号，叫做"弯刀"。这种战机在造型、功能、速度等方面都非常优越，它是战机界的骄傲。美国当时一共生产了三架试验性"弯刀"，分别编为 2 号、3 号、4 号。遗憾的是，这三架飞机的命运全都是神秘地坠毁或者消失，而个中原因却无法解释。

2 号弯刀和 4 号弯刀是在经过几次试飞后，分别因为毫无来由地在低空发生横滚和发动机涡轮导流管阀门脱落而坠毁。因为弯刀之前在试飞过程中出现过故障，所以有关方面的工作人员在每次试飞前都做了充分的安全评估，确保没有问题后才允许飞机升空。为什么 2 号和 4 号仍然无法避免出现莫名的故障，这个令人费解的问题，至今没能被合理解答。

更为令人不解的是 3 号弯刀，它先是和 2 号、4 号一样，在空中出现了莫名其妙的故障，但是它又是幸运的，试飞者实施了迫降，3 号飞机的试飞者暂时保住了性命。但是后来发生的事情则令美国军方感到丝丝恐惧。十三天后，修复的 3 号弯刀重返蓝天，之后它却再也没有能够回来，试飞者和飞机的残骸至今下落不明，一架装备精良的飞机就这样神秘地消失在蓝天白云中。

为什么所有的弯刀都出现了故障？难道是技术之外的原因造成的吗？那会是什么呢？ 3 号弯刀又去了哪里呢？除了疑惑，该事件还被笼罩上了一层神秘感。曾有消息说希特勒大量的武器制造技术都是外星人传授的，那美国政府有没有与外星人接触过呢？弯刀的技术是自己研发的，还是来自其他地方？弯刀失踪会不会与地球之外的力量有关呢？就现在来看，这是不可能的。可真实的原因是什么呢？

109. 向太阳飞去的"信天翁"

1969 年 5 月 15 日 18 点左右，西班牙的一架"信天翁"式飞机去执行一项反潜任务，但莫名其妙地栽进了大海。除了机长麦克金莱上尉外，机上其他的七名乘员全部遇难。在栽进大海之前，基地指挥台曾收到飞机发回的一个奇怪的呼叫："我们正朝着巨大的太阳飞去。"

据目击者说，那架飞机当时的飞行高度很低，驾驶员可能是想强行进行水上降落，但未能成功。机长在获救后，他根本说不清飞机出事的原因。

基地派出大批兵力在附近海域仔细搜寻，最后只打捞起两名机组人员的尸体。

据非官方透露的消息说，其实，那次飞行本来是派一位名叫博阿多的空军上尉担任机长执行任务的。临起飞时，博阿多忽然感到身体不适，于是，基地才决定换上麦克金莱。这样，博阿多有幸躲过了那次灾难。然而，好运并没能一直照顾他。

两个月后，7月29日，已被获准休假的博阿多，再次被派去担任"信天翁"式飞机的机长。5时50分左右，当行驶到同一片海域上空时，飞机神秘失踪了。这次，没有人能够幸免于难。

得到消息后，西班牙军事当局相当重视，因为那架飞机上的乘员都是西班牙海军的上校和中校。军方随即动用了十余架飞机和四艘水面舰船进行搜索，然而只找到了失踪飞机上的两把座椅，其余的什么也没发现，甚至没有找到一个军官的尸体。

这两次事故被西班牙媒体进行了详细报道，人们最终得出结论，两架相同类型的飞机，从同一机场起飞，去执行同一项反潜任务，在同一片海域遇上了相同的灾难。这是两起一模一样的飞机遇难事故，可谁也无法解释，失踪的"信天翁"式飞机发回的最后呼叫，究竟意味着什么？

110．飞机上消失的时间

美国影片《回到1872年》，讲述了主人公不惜生命代价，回到过去拯救芝加哥市民的义举。观众都对主人公的行为赞叹不已。可大家都知道这是电影艺术家的虚构，因为时光匆匆，一去不复返，怎么能够倒流呢？

然而，大千世界，无奇不有，它明白无误地告诉我们，在过去的历史中，时光倒流竟不可思议地、真真切切地发生了。

1970年，一架727喷气式客机，在飞往美国迈阿密国际机场的旅途中，无故从雷达上"失踪"了10分钟。10分钟以后，客机又在原来的地方出现了，后来还安全地抵达了目的地。当问到发生了什么事时，客机上的所有人都认为一切正常，他们根本不知道曾经"失踪"过，直到他们发现所有人的手表都慢了10分钟，才相信了地面指挥人员的话。

无独有偶，1994年初，一架意大利客机在非洲海岸上空飞行。突然，客机从机场控制室的雷达屏幕上消失了！正当地面上的机场工作人员焦急万分之际，客机又在原来的空域出现，雷达又追踪到了客机的讯号。最后，这架客机安全降落在意大利境内的机场。然而，跟1970年的那次飞机失踪事件一样，客机上的所有人也不知道自己曾经"失踪"过。

机长疑惑不解地说："我们的班机一直都很平稳，没有任何意外发生，但控制室竟说失去了班机的踪影，实在有点不寻常。"

不过，事实却不容争辩：到达机场时，每个乘客的手表都慢了20分钟。

对此现象，专家们认为唯一的解释是：在"失踪"的一刹那，时间"静止"不动了，或者说出现了时光倒流。可这样的解释现在并不能完全站住脚，谜团还有待科学家们进一步的研究，也或许正如影片所拍，时光真的能够倒流吗？

111. 消失在太空的"福波斯"2号

20世纪80年代，苏联曾向太空发射过两个火星探测器："福波斯"1号和"福波斯"2号。其中1号在前往火星的中途就因为无线控制信号问题与地面失去了联络，但是2号成功到达了火星，可是大约过了两个月后，2号也突然与地面失去了联系。根据有关数据显示，2号在失去联系之前各部件工作情况一切正常，这说明2号可能不是因为技术方面的原因而与地面控制中心失去联系的，它可能是因为某种外力作用，使它的仪器、设备失去了工作能力，或者整个彻底被毁坏。

如果是因为技术原因，太空探测器消失也不奇怪，不过苏联曾经极力保密的一段资料给"福波斯"2号的消失蒙上了一层神秘的面纱。从"福波斯"2号传回来的图片来看，在火星的卫星"火卫一"下方似乎有一个雪茄状的飞行物。而"福波斯"2号正是在传回这张图片后失踪的。难道火星上有外星人？是外星人攻击了"福波斯"2号？我们无法否定这个说法，因为从传回来的图片上看，确实是这样一种现象。但是我们也无法肯定这种说法，毕竟这样的说法现在还站不住脚。

那照片中的东西是什么？与"福波斯"2号的失踪有没有关系呢？我国古人说"横看成岭侧成峰，远近高低各不同"，人看东西尚且如此，何况是在遥远太空中的一台机器。照片上的东西可能是外星飞船，但是也有可能是2号摄像头出现的误差，把很普通的东西拍摄成很奇怪的东西。"火卫一"下面的东西或许只是一束反射的光线。那2号为何突然消失了呢？原因太多了，虽然我们无法去证实，但是我们可以猜想，火星可能突然发生了地震，或者火山爆发之类的灾难，而这些灾难可能恰恰是在 2 号发回来那张神秘图片之后发生的。

如果一切都是巧合，那解释就比较简单了，但是一些无法解释的东西我们也无法一口否定。

112. 神秘的中都

在中国统一的王朝中，元代是一个同时建立过多个都城的王朝，成吉思汗有和林，忽必烈建上都，以及后来的大都即北京，还有元武宗建立的中都。其中中都的建立和毁灭都充满着神秘色彩。中都从建立到毁灭的时间非常短，大约只有四年左右的时间。这就给后人留下了无数谜团，是什么原因让中都在如此之短的时间里就灰飞烟灭。

根据史学家的研究，中都的毁灭有很强的政治因素在里面，最主要的原因是历代王朝不断上演的王位之争。据记载，武宗和其弟当时都是皇位继承人，后来其弟继承皇位。但是武宗心有不甘，率军逼宫，其弟迫于其武力，只得从命。武宗登上皇位后即下令修建中都。武宗登基四年就去世了，其弟再次继承皇位。其弟仁宗登位后马上就下旨停止修建中都，并取消中都的建制。仁宗这样做的原因，历史学家对其做出过猜测，没有人能够非常肯定真正的原因。不过，中都因此未盛先衰的道路已经开始。

但是，毕竟是一个已经初见规模的都城，哪能说衰就衰了呢？又一场兄弟相残的故事在中都上演。武宗的儿子元文宗，为与其兄弟和世㻋争夺帝位，他在中都将和世㻋毒死。此后，不知是心中内疚，还是害怕受到上天的惩罚，文宗再也没去过中都。皇帝心结所在，其他人也不敢轻往，中都日见萧条。

武宗一手建立的中都，只数年间就衰弱了，此后大漠的风沙，战争的大火不断地将中都埋没、烧毁……

是天灾？是人祸？数百年来谁又说得清！

113．消失的"黄金城"

在西班牙历史学家的描述中，南美秘鲁的"黄金城"（有的叫"黄金国"）是一个充满黄金的地方：城市的建筑物都是由黄金建成，人们的日常用具也是黄金制品，就连树干上都缠着金线，远远望去，整座城市金光灿灿。

如此一个充满诱惑的地方，引来了蜂拥而至的寻宝者。16 世纪初，西班牙冒险家弗朗西斯科·皮萨罗就曾组织探险队去找过宝藏，但是探险队都有去无回。

后来，西班牙人恺撒达带了一大批人去寻宝，他比较幸运，找到了价值 300 万美元的翡翠宝石，可是也付出了 550 条性命的代价。弗朗西斯科·皮萨罗知道了这个消息，又率大军去找，却只找到了一座空城，别说大批黄金，就是一小块儿也没有！"黄金城"的黄金凭空消失了！

一时间，各种各样的猜想都有，传到现在，只剩下几种可靠的说法。

一种说法是，当"黄金城"的人知道西班牙军队要来时，他们就准备带着黄金藏到的喀喀湖的湖底，但西班牙人来得太快，他们没能将所有的黄金都运走，留下的就被恺撒达运回去了。

另一种说法是，其实，恺撒达找到了所有的宝藏，并把它们藏在了亚马逊密林中，而运回去的只是他找到的一小部分。后来恺撒达去世了，就没有人能找到这些宝藏了。

还有一种说法是，其实"黄金城"根本就没有那么多的宝藏，一切只是谣传而已。

20世纪初，根据这些传说，英国人沃克花费了巨资寻宝，最后他只找到了几百件黄金制品。接着，哥伦比亚政府也加入了寻宝的行列，但最终却只有300件黄金器物的收获，这与传说中的"黄金城"相比只是九牛一毛。那么，那些剩余的黄金究竟去了哪里呢？真的是被藏在了密林深处吗？还是传说只是夸大其词呢？

114.海盗集中营罗伊尔港

罗伊尔港在历史上是牙买加的首府，而它之所以被称为海盗集中营，是因为这个港口是英国为了掠夺财富而提供给海盗的庇护所。这里由于英国的守护和海盗的侵入，从而成为历史上最大的海盗船队集中地。

俗话说：恶有恶报。1692年6月7日，罗伊尔港突然在人们的视线中消失，结束了它罪恶的使命。

1959年，英国海下考古家罗伯特·马克斯在这里进行了四年的挖掘，他所发现文物中最有价值的是一只怀表，它的时间定格在11时47分，这好像是这个邪恶之城沉沦的时间。挖掘物中还有一尊中国的观音像，但这个白玉雕像的头不知道到哪儿去了。

可是这之后，罗伯特·马克斯却莫名其妙地自杀了。他在日记本上声称：已知道罗伊尔港消失之谜……任何想将这个罪恶之城的财宝据为己有的人，都将不会有好下场。

随后，马克斯的弟弟卡修斯·马克斯透露了一条奇怪的线索：在他哥哥交给他的一本海盗日记的最后一页上记载了一件事。上面写到，观音像的头是被不小心摔掉的，而后就神秘地不见了。记述这件事的时间是1692年6月6日，刚好是罗伊尔港沉没的前一天。难道

191

这个罪恶之城真的是遭到了东方神的惩罚吗？

但英国有关专家认为，马克斯的自杀也许是精神分裂造成的。由于他私藏珍宝后担心会受到法律的制裁，他又看了那本海盗日记，从而产生幻觉，最后自杀了。

英国自然学家史可博士认为，罗伊尔港的消失与神的惩罚根本扯不上关系，而真正的原因是强烈的地震和海啸。

1990年，人们再次对罗伊尔港进行挖掘，这才发现，当年马克斯所挖得的财宝只是其中非常小的一部分。

115．消失两千多年的庞贝

公元前6世纪，在意大利那不勒斯东南的维苏威火山下，有一座美丽的花园城市——庞贝古城。当时的人们在这座古城中创造了发达的文明。

庞贝人热爱一切艺术，也极其会享受。在庞贝城里，不但有装饰精美，情调奢华的贵族住房，还有舒适的浴室和供玩乐的场所，以及从事政治、经济和宗教活动的广场。所有这些建筑，都有合理的设计和富丽堂皇的装饰。庞贝人热爱戏剧，绘画和雕刻等，其中最让人着迷的，是那些历经千年色彩依然灿烂如新的壁画。这些壁画从侧面反映了古罗马人的精神生活，令人叹为观止。

可就在庞贝城文明达到最顶峰的时候，它却突然消失了，从此成为一个两千多年的谜。

1594年，有人在萨尔诺河畔修建饮水渠的时候，无意中挖出了一些大理石，其中有一块上面有"庞贝"字样。这难道就是古书上记载的庞贝城吗？

1748年，考古学家们又在这里挖掘出了两千多具尸骨，经制成石膏像后发现，他们的面部表情看上去很是痛苦绝望。当时发生了什么，会让人们来不及逃跑而痛苦死去。

专家们对当地的地质做了大量考察，最终推测庞贝城的消失可能与维苏威火山爆发有关。当维苏威火山突然爆发后，燃烧的碎石像冰雹一样砸下来，人们无处可逃，大量喷发的火山碎屑就将这座古城连同人一起掩埋了，于是这座"美丽的花园"消失了。

此后火山又多次爆发，就这样火山灰一层层地把庞贝城深埋在地下，它曾经的美丽和文明，也彻底成为了遥远的传说。

1860年，庞贝城遗址的挖掘工作步入正轨，这座沉睡千年的古城才向世人呈现了它昔日的辉煌。

如今的庞贝城已成为一个旅游的好去处。

116. 重新面世的死城

1709年，考古学家在庞贝附近，又挖到一座"死城"。"死城"里处处透着古怪，大部分建筑物都保存完好，许多住室的门窗还可以随意开关，室内的一些工具也还可以使用，一些室内装饰品、日常用品等都还完好如初，甚至还有个盘子里放着吃了一半的鸡腿！可以看出，主人当时是匆匆忙忙就走了。最令人吃惊的是，在整座城里却找不到人和动物的尸骨，即便是随着发掘的进一步深入，也仅仅在市中心的一块大型拱石下面发现了九具人的骨骸。

一切都像谜一样吸引着人们。为什么会有这样一座"死城"？它到底是哪座城市？又是怎么被埋在了地下的？为什么很多东西都很完好，却基本没有人和动物的尸骨？

经过科学家的研究考证，人们才知道，原来"死城"叫赫库兰尼姆。公元79年，维苏威火山大爆发，就把它和庞贝埋在了地底。可

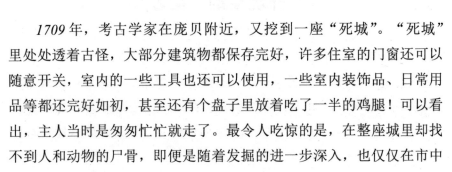

是，在这里居住的人和动物为什么没留下尸骨呢？所有的科学家都想弄清楚是怎么回事。

后来，有考古学家认为，在火山爆发前，城中的动物凭着灵敏的感觉就已经逃走了，而在火山突然发出爆炸声时，城中的居民才仓皇逃命，这就是为什么会有吃了一半的鸡腿。当时，赫库兰尼姆的居民大部分沿海滨出走，或乘船逃离险境，只有少数居民怀着侥幸的心理留在城中，其中有几个人躲到了市内的一块大型拱状石头下面，他们以为拱石能够保佑他们平安度过危机。火山爆发了，高温的岩浆和火山灰淹没了一切，大型拱状石头没有能抵住灾难的袭击，倒塌下来，把躲在它下面的人压死了。还有少数人则被活埋在海滨附近较隐蔽的地方。

但这些结论也仅是考古学家的猜测，并不一定就是事实真相。

117．开玩笑的"幽默岛"

在大西洋北部，有一座盛产海豹的小岛——德克尔斯带岛。为了猎取海豹，大批捕猎者来到岛上，并建立了修船厂和营地，但此岛却在 1954 年夏季突然失踪了。大量的侦察机、军舰前来寻找均无结果。八个月以后，一艘美国潜水艇在北大西洋巡逻，突然发现一座岛屿出现在航道上，而这样一个岛屿却从来没有在航海图上被标识过。潜水艇艇长罗克托尔上校经常在这一带海域航行，他发现此岛后大为震惊。通过潜望镜，他发现岛上有人居住，于是命令潜水艇靠岸登陆。经过询问岛上的居民才知道，这正是八个月前失踪的德克尔斯带岛。这座岛被称作"幽灵岛"。

1831 年 7 月 10 日，一艘意大利船在途经西西里岛附近时，船长突然发现前方海面上海水沸腾起来，一股直径大约 200 米、高 20 多米的水柱喷涌而出，水柱刹那间变成了一团 500 多米高的烟柱，并在整个海面上扩散开来。船长及船员们从未见过如此景观，被惊得目瞪口呆。当他们八天以后返航，再次经过这里时，发现了一座小岛。这个在浓烟和沸水中诞生的小岛，当时小岛还在冒烟。由于这个小岛位于突尼斯海峡，这里航运繁忙，地理位置重要，因此马上引起了各国的注意，各国纷纷派出科学家前往考察。小岛不断地伸展扩张，周长扩展到 4.8 千米，高度也由原来的 4 米长到了 60 米。正当人们忙于绘制海图、测量、命名，并多方确定其民用、军事价值时，奇怪的事情发生了，小岛却突然开始缩小。到 9 月 29 日，在小岛生成后不到两个月时间，小岛已经缩小了 87.5 %，又过了两个月，该岛完全消失，海面上已无法再找到小岛的踪迹。神秘的小岛和人们开了个玩笑。